Berço de Luz

Berço de Luz

Pelo espírito
Vinícius (Pedro de Camargo)

Psicografia de
Eliane Macarini

LÚMEN
EDITORIAL

Berço de Luz
pelo espírito Vinícius (Pedro de Camargo)
psicografia de Eliane Macarini
Copyright © 2012 by
Lúmen Editorial Ltda.

2ª edição – março de 2013

Direção editorial: *Celso Maiellari*
Direção comercial: *Ricardo Carrijo*
Coordenação editorial: *Fernanda Rizzo Sanchez*
Revisão: *Alessandra Miranda de Sá*
Projeto gráfico e arte da capa: *Casa de Ideias*
Impressão e acabamento: *Gráfica Sumago*

Dados Internacionais de Catalogação na Publicação (CIP)
(Câmara Brasileira do Livro, SP, Brasil)

Vinícius (Espírito).
    Berço de Luz / pelo espírito Vinícius (Pedro de Camargo ; psicografia de Eliane Macarini. – São Paulo : Lúmen Editorial, 2012.

    ISBN 978-85-7813-075-6

    1. Espiritismo 2. Psicografia 3. Romance espírita I. Macarini, Eliane. II. Título.

12-11511   CDD-133.9

Índice para catálogo sistemático:
1. Romances espíritas : Espiritismo   133.93

Rua Javari, 668
São Paulo – SP
CEP 03112-100
Tel./Fax (0xx11) 3207-1353

visite nosso site: www.lumeneditorial.com.br
fale com a Lúmen: atendimento@lumeneditorial.com.br
departamento de vendas: comercial@lumeneditorial.com.br
contato editorial: editorial@lumeneditorial.com.br
siga-nos nas redes sociais:
twitter: @lumeneditorial
facebook.com/lumen.editorial1

2013
Proibida a reprodução total ou parcial desta obra
sem prévia autorização da editora

Impresso no Brasil – *Printed in Brazil*

Uma homenagem a
Rubens Rodrigues dos Santos Júnior

SUMÁRIO

Apresentação	11
Prefácio	15
Capítulo 1	19
Uma luz na escuridão	
Capítulo 2	31
Um presente de Deus	
Capítulo 3	47
Silêncio enriquecedor	
Capítulo 4	59
Duas missões	
Capítulo 5	69
A mensagem	
Capítulo 6	81
Aspectos doutrinários	
Capítulo 7	93
Vida: processo em evolução	
Capítulo 8	107
Escolha insensata	
Capítulo 9	119
O futuro a nós pertence	

Capítulo 10 *Uma prece de amor*	**135**
Capítulo 11 *Sensação de paz*	**147**
Capítulo 12 *Dever de ser feliz*	**159**
Capítulo 13 *A vontade de melhorar*	**169**
Capítulo 14 *Origem de Fogo*	**183**
Capítulo 15 *O que temos para viver*	**191**
Capítulo 16 *O poder do amor*	**203**
Capítulo 17 *Pensamento consciente*	**213**
Capítulo 18 *Deixando o passado*	**225**
Capítulo 19 *Aceitando os acontecimentos*	**243**
Capítulo 20 *Ser feliz*	**255**
Capítulo 21 *Momentos difíceis*	**267**
Capítulo 22 *Questionamentos sobre a vida*	**281**
Capítulo 23 *Benção divina*	**295**

Capítulo 24		309
Sempre aprendendo		
Capítulo 25		325
Nova luz		
Capítulo 26		343
Necessitados de tolerância		
Capítulo 27		353
Coletores de luz		

APRESENTAÇÃO

Este livro, partilhado com Vinícius, será minha homenagem a um grande amigo que partiu do mundo dos encarnados no dia 13 de abril de 2011. Acredito que a saudade traz ao meu coração a lembrança de muitos momentos de boa ventura ao lado do Júnior, Rubens Rodrigues dos Santos Júnior.

Um jovem que calado se fazia ouvir, falando nos fazia calar, porque sempre tinha algo importante a dizer.

Não era daqueles que chegam aos encontros em alvoroço e logo todos o veem, mas era o Júnior, que onde entrava ficava pleno em nosso coração.

Durante nossos trabalhos espíritas de segunda-feira, ele era figura marcante, um divisor de águas; pela sua reação, sempre calma, sabíamos a qualidade que havíamos atingido.

Seu olhar era sereno, mas profundo e cheio de afagos amorosos.

Seu sorriso amável trazia conforto e paz, porque nos fazia acreditar no seu amor por nós.

Durante a prece feita em sua homenagem, no velório, foi usada uma analogia: um raio cortando a escuridão da noite sem estrelas e sem lua, iluminando com tal intensidade a sua passagem, que todos foram tocados por sua visão.

O Júnior era tudo e nada, pois sabia o momento de partir; viveu intensamente, sem se deixar abalar pela partida iminente; não se esquivou de um encontro amoroso, muito jovem, intenso. Abraçou sua amada Talita e caminhou pela vida, construindo e montando uma irresistível história de afinidade amorosa.

Planejou um filho e o recebeu de braços abertos e coração palpitante; participou de cada segundo dos três anos do Gustavo; e tenho certeza de que nunca será esquecido.

E para nós, os seus amigos, que fomos nos juntando a essa caravana orientada por esse querido companheiro, o encontro de amor e fidelidade foi muito feliz!

Aqui estamos, saudosos e felizes, pois sabemos que ele se foi em busca de novas aventuras; e uma delas, com certeza, continuará com todos nós.

O Júnior é assim, perfeito e imperfeito, graças a Deus, mas conseguiu algo que poucos podem entender ou mesmo enxergar: a importância da união entre amigos.

Nos dias em que esteve internado no Hospital São Paulo, lutando para permanecer por aqui, mas também aceitando o que Deus lhe permitisse viver, aprendemos e modificamos a nossa própria visão de vida; apesar de estar em coma induzido, ele fez com que os amigos se tornassem ainda mais amigos.

Na noite em que ele partiu, reunimo-nos mais uma vez na varanda do Hospital São Paulo, em Ribeirão Preto, e oramos juntos para que ele estivesse com o Senhor, e, principalmente, agradecemos a Deus a ventura de poder ter estado com ele durante aquele tempo precioso. Mais uma vez, os beneficiados fomos nós: os amigos.

Nós o amamos com paixão e emoção.

Nós o amamos com o lado puro de nossa origem divina.

Nós o amamos por tudo que se tornou em nossa vida.

Nós o amamos por ter permitido esse amor.

Nós o amamos, enfim, por ter sido nosso amigo.

Amigo, você traz a lembrança uma frase inesquecível de Cecília Meirelles: "Quando penso em você, fecho os olhos de saudade".

PREFÁCIO

Bem-aventurados os que são brandos, porque possuirão a Terra.
Bem-aventurados os pacíficos, porque serão chamados filhos de Deus.
Ouvistes o que foi dito aos antigos? Não matarás, e quem quer que matar será réu no juízo. Pois eu vos digo que todo aquele que se ira contra seu irmão será réu no juízo; e o que disser a seu irmão: Raca, será réu no conselho; e que disser: És louco, merecerá a condenação do fogo do inferno.[1]

Ah! A humanidade e seus caminhos intrínsecos com a maneira de enxergar e sentir o movimento que a vida nos proporciona!

A vida que se torna oportunidade de aprendizado, movimento evolutivo ininterrupto, que poderá nos lançar a

---
[1] Mateus, V: 4, 9, 21-22 (Nota da Médium).

mares revoltos ou marés tranquilas, de acordo com o que elegemos por vivenciar!

Cada oportunidade vivida entre os dois mundos, o espiritual e o material, traz em si, sem dúvida, elegíveis como verdade, ocasiões de avaliar e vivenciar, exercitando assim o que já conseguimos manifestar de equilíbrio ou desequilíbrio. Nas escolhas sugeridas por nossa mente, acabamos definindo a qualidade para essas experiências, e originadas nessas escolhas acabamos por vivenciar consequências que acabarão por se manifestar com a mesma semelhança vibratória.

Refletindo sobre o assunto da reencarnação e suas manifestações em nossa vida, algumas dúvidas acabaram por despertar a curiosidade desse espírito, ainda imperfeito; procurei alguns amigos, com os quais venho dividindo experiências admiráveis, e aventei a hipótese de nos juntarmos a um grupo de socorristas, que já havia nos falado sobre atendimento a uma adolescente grávida; somando a esse gratificante trabalho, propus que nos aprofundássemos nos estudos reencarnacionistas; afinal, entender o movimento da vida é o caminho certo para quem se propõe a auxiliar.

Esse trabalho magnífico na Seara do Senhor nos trouxe alguns conhecimentos que acabaram por nos auxiliar a compreender de maneira mais efetiva o valor de cada experiência na matéria para a evolução de nosso espírito, num movimento contínuo e perfeito de aprendizado intelectual, reeducação emocional e readequação de nossa postura mental como seres eternos.

A compreensão exata, de acordo com as possibilidades do momento evolutivo, sobre a continuidade de cada experiência entre os dois planos, espiritual e material, que acabam por ter estreita relação de dependência e continuidade, sem rupturas e perdas essenciais, forma um conjunto perfeito de possibilidades ilimitadas, pois também nos leva a compreender a capacidade de nossa mente em expandir além do mundo visível, dessa forma, adquirindo características até o momento inimagináveis.

Os dois mundos ainda considerados como dois polos distintos, diante da nova compreensão, passaram a ser vistos como a intersecção de dois conjuntos distintos, porém com elementos comuns aos dois. E esses elementos comuns são nada mais, nada menos do que a nossa própria identidade espiritual, que permanece além do imaginável.

Essas ondas energéticas que adquirem características semelhantes a nós traçam o perfil de nossa essência, que será aproveitado em novas iniciativas, o futuro a ser aperfeiçoado, e isso somente será conseguido por meio da observação do passado em relação ao presente, num perfeito movimento de continuidade.

Admirado diante da beleza desse notável mundo de perfeição, que a cada dia percebo mais e mais real, oro ao Pai em agradecimento sincero pela oportunidade de vivenciar e observar a vida como ela é: real e feliz; e, ansiando por mais e mais, em busca de minha própria liberdade, descubro, encantado, que posso realizar os meus sonhos mais perfeitos, basta saber de minha capacidade divina.

Berço de Luz traduz o encantamento desse espírito diante da bondade de nosso Pai Amado, pois compreendi que, não importa onde estejam alojadas as comunidades reencarnacionistas, ou qual seja o objetivo de seus integrantes, Deus, em sua infinita sabedoria, lhes dá apenas um objetivo: o renascer da vida em direção à liberdade de amor para seus filhos.

Deus os abençoe nesta admirável caminhada evolutiva. Emocionado, abraço carinhosamente a todos os que apoiam as égides divinas no socorro amoroso daqueles que ainda vivem nas trevas de suas mentes divinas.

Deus os abençoe.

Vinícius (Pedro de Camargo)

CAPÍTULO 1

– UMA LUZ NA ESCURIDÃO –

132. Qual o objetivo da encarnação dos Espíritos?
Seu fim é conduzi-los à perfeição: para uns é expiação; mas, para outros, missão. Contudo, para atingirem a perfeição, têm eles de sofrer todas as vicissitudes da existência corporal, e nisso é que consiste a expiação. A encarnação, por outro lado, põe o Espírito em condições de enfrentar a sua parte na obra da criação universal. Para executá-la, em cada um dos mundos ele toma um corpo, feito da matéria essencial desse mundo, para que ali possa cumprir as ordens de Deus. Assim, concorrendo para a obra geral, ele também se adianta na senda do progresso.

A ação dos seres corpóreos é necessária à marcha do Universo. Mas Deus, na sua sabedoria, quis que eles tivessem, nessa mesma ação, um meio de progredir e de se aproximarem dele. É assim que, por uma lei admirável da sua providência, tudo se encadeia, tudo é solidário na Natureza.[2]

---

2 KARDEC, Allan. *O Livro dos Espíritos*. Livro II – "Do Mundo Espírita ou Mundo dos Espíritos", capítulo II – "Da Encarnação dos Espíritos", item I – "Objetivo da Encarnação" (N.M.).

Rachel, uma menina de 13 anos, estava sentada em um canto escuro do quintal de sua casa, com a cabeça escondida entre os joelhos. Chorava baixinho, envolvida por intensa emoção. Seu corpo frágil, ainda adolescente, estremecia de maneira imperceptível. Levantou o rosto delicado, banhado pela luz da lua tímida, e pensou aflita: "O que vou fazer? Como vou contar isso aos meus pais? Eles vão me matar".

O pranto sentido mostrava o descontrole das emoções em conflito. Ela levantou-se do chão frio, apoiando-se no muro da casa. Desesperada, bateu a cabeça várias vezes na parede úmida, como a castigar-se por um mal não aceito, e refletiu: "E se eu morrer? Resolvo o problema e ainda eles ficarão com remorso por nunca ter-nos apoiado. Como eu faço para acabar com tudo isso?".

Esgotada, deixou-se cair novamente, cobriu os ouvidos com as mãos como a proteger-se das palavras que a feriam. Ao seu lado, espíritos maldosos e felizes pelo seu sofrimento aproveitavam o momento de desequilíbrio emocional e iniciavam a execução de planos havia muito tempo traçados; tristes momentos de sofrimento e de vingança.

Aproximamo-nos com carinho e mansuetude, procurando envolver a doce criança em benéficas energias, com a intenção de auxiliá-la a um momento de serenidade, para que conseguisse acalmar-se e ter o discernimento de procurar ajuda. Maurício, com paciência, aproximou-se de seu campo vibratório e passou a conversar com Rachel:

– Acalme-se, nosso Pai Maior não nos abandona sem auxílio, peça ajuda a mãe de sua amiga Carolina, ela é uma pessoa de muita bondade e poderá auxiliá-la com seus pais. Não esqueça da querida criança que traz em seu ventre, um filho que será muito amado... sua vida deve ser preservada. Vá! Converse com Angela e Carolina, elas vão ajudá-la!

Rachel levantou-se, passou a mão pelo rosto e disse em voz alta:

– Dona Angela sempre conversa com a gente sobre isso, e acredito que entenderá o que está acontecendo comigo e vai me ajudar a contar a meus pais.

Entrou em casa e dirigiu-se à mesa onde estava o aparelho telefônico; discou o número da casa de Carolina.

– Carol, posso dormir em sua casa?

– Claro que sim. Muito engraçado, estava pegando o telefone para te ligar. Minha mãe disse para convidá-la a passar o fim de semana conosco. Estamos indo para a fazenda.

– Nossa! Eu preciso mesmo disso. Será que sua mãe fala com a minha?

– Com certeza, ela já está ao meu lado.

Após a conversa entre Angela e Inês, a mãe de Rachel, esta correu para o seu quarto e preparou uma mochila com seus pertences. Foi esperar os amigos na varanda de sua casa, acompanhada por seus pais e seu irmão mais velho, Rogério.

– Rachel, tenha juízo! Não vá fazer coisas erradas; essa meninada de hoje não tem vergonha na cara nem responsabilidade. César, você sabia que a menina da Iolanda, aquela de dezesseis anos, está grávida e não quer se casar? Isso é um disparate; se acontecesse isso em nossa família, eu morreria de vergonha.

– Nem me fale! Olha lá, menina, não me apronte uma farsa dessas, que sou capaz de quebrá-la ao meio – falou César se dirigindo a Rachel em tom ameaçador.

– O que é isso? Que reação descontrolada é essa? Se algo semelhante acontecer em nossa família, é obrigação de todos ajudar e não agravar o problema com esse tipo de atitude – contemporizou Rogério, bastante sério, e enfrentando com firmeza o olhar dos pais.

Rachel encolheu-se. Cruzando as mãos sobre o ventre, abaixou os olhos. O irmão, dez anos mais velho que ela, aproximou-se e a abraçou com carinho.

– Não dê corda para essa aí, outro dia precisei colocá-la para dentro de casa nos tapas porque a encontrei agarrada com o filho do vizinho, o Airton, aquele moleque de quinze anos, que para piorar a situação é doente – resmungou Inês.

– Mãe, Rachel é apenas uma criança e precisa de sua orientação e amizade; se continuarem a agir dessa maneira, como ela poderá confiar em vocês e procurar, com confiança, esclarecer suas dúvidas a respeito da vida? – argumentou o rapaz, ainda abraçando com carinho a menina de olhar assustado.

Nesse momento, Angela e sua família estacionaram o carro diante da casa de Rachel. Rogério empurrou a irmã com delicadeza para se juntar ao grupo. Rachel olhou para trás e acenou para os pais, despedindo-se.

Rogério trocou algumas palavras com os amigos de sua irmã, depois a abraçou amoroso e, levantando seu rosto, olhou nos seus olhos e disse com firmeza:

– Não se esqueça nunca de que sou seu amigo para qualquer ocasião. Você pode confiar em mim, nunca vou criticá-la, e sempre procurarei ampará-la com respeito e amor. Você sabe disso, não é, minha irmã?

Rachel o abraçou e as lágrimas deslizaram por seu rosto jovem. Disse emocionada:

– Sei sim, e confio em você, mas estou muito assustada.

– Eu sei, meu bem, mas saiba que daremos um jeito de resolver seu problema, que para mim é, simplesmente, um presente de Deus para todos nós.

– Você já sabe? – perguntou Rachel com receio.

– Sei sim, eu a conheço bem. Aproveite o fim de semana com seus amigos; quando voltar, resolveremos isso. Está bem?

Rachel abraçou o irmão e entrou no carro. Acenou agradecida pelo carinho que recebeu. Rogério acenou de volta, e retomou o caminho em direção aos pais.

– Rogério, eu o proíbo de falar assim com sua irmã, desse jeito acaba estimulando-a a fazer coisas erradas – disse Inês, um tom de revolta na voz.

O rapaz olhou para a mãe, acariciou seu rosto e sorriu:

– Ah! Dona Inês, a vida é cheia de surpresas, nós devemos escolher como as enxergaremos, isso é que fará diferença, se seremos seres amargos e infelizes ou gratos pelas oportunidades que nos surgem a cada momento.

– O que você quer dizer com isso?

– Nada, mãe, apenas não quero que seja tão radical em sua maneira de enxergar o mundo, porque pode perder incríveis oportunidades de ser feliz, pois já formou uma ideia de determinadas situações e não faz força alguma para ver o mundo de outra maneira. Com isso, deixa de aprender e renovar as suas atitudes.

– Ah, menino! Não me venha com lição de moral; sou sua mãe e já vivi muito mais que você. Sei muito mais do mundo.

Rogério apenas sorriu com carinho e voltou para dentro de casa.

Após duas horas de uma viagem bastante agradável, Rachel e os amigos chegaram ao destino: uma bela propriedade rural, cercada de frondosas árvores frutíferas e um esplendoroso jardim florido.

A casa, simples e bastante rústica, era cuidada com primor e de decoração alegre, e delicadas toalhas de crochê cobriam os móveis e serviam de base para vasos de vários formatos e tamanhos, que exibiam exuberante folhagem verde e flores multicoloridas. As janelas eram protegidas por cortinas de tecido leve e estampas miúdas e alegres. O conjunto todo dava a sensação de conforto e aconchego.

Rachel ficou observando tudo e, aos poucos, foi relaxando; a expressão de seu rosto suavizou e ela sorriu com alegria.

– Venha, vamos guardar nossas coisas no quarto; depois, vamos tomar uma sopa de feijão que a dona Maria sempre deixa preparada para a nossa chegada, além de um pão caseiro delicioso, que ela faz no forno a lenha – falou Carol.

– Nossa! Eu estava sem fome, mas, depois dessa oferta, fiquei faminta – disse Rachel sorrindo com tranquilidade.

Após o jantar simples e saboroso, a família se reuniu no jardim para conversar. Caio, irmão de Carol, um rapaz muito bonito e simpático, juntou-se ao grupo com seu violão.

Então, eles cantaram e brincaram num ambiente fraterno e alegre. A madrugada ainda os encontrou reunidos. Angela fez um delicioso chocolate quente e falou:

– Agora todo mundo para a cama; amanhã cedo, ou melhor, daqui a pouco vamos pescar lá no lago da Fazenda São José. O sr. Alberto nos convidou e nós aceitamos.

⁂

Carol e Rachel, confortavelmente deitadas em suas camas, conversavam animadas sobre a viagem e os momentos desfrutados nas últimas horas.

– Sua família é muito legal. Eles são alegres e agradáveis.

– São mesmo, eu os amo muito e sou feliz por estar entre eles; apenas sinto muita saudade de meu pai. Já se passaram oito anos de seu desencarne, mas ainda fico esperando que ele chegue em casa à noitinha, brinque comigo e com meu irmão.

– Gostaria que meus pais pudessem agir assim, mas eles estão sempre de mau humor, nervosos, e pensam mal de todo mundo. Como era seu pai?

– Era uma pessoa muito alegre, estava sempre disposto a inventar um jogo novo, um passeio novo, uma história nova. Ele amava minha mãe e ela a ele, sempre nos diziam da felicidade que sentiam por nos terem como filhos. Quando ele se foi deste mundo, nós ficamos meio perdidos, nada parecia ter graça. Um dia uma senhora apareceu em casa com uma cartinha dele, recebida por um grupo de psicografia lá do Centro Espírita que frequentamos.

– Nossa! Que alegria deve ter sido para vocês.

– Você nem pode imaginar! Ele pedia que voltássemos a olhar o mundo com alegria e esperança, da maneira como ele sempre vivera ao nosso lado, e nos lembrou de que ele apenas havia mudado de plano, que ainda vivia e nos amava da mesma maneira. Depois disso, nós nos acalmamos e nos esforçamos por merecer o amor e a confiança que ele sempre depositou em nossa família. Hoje eu consigo sentir a sua presença ao meu lado em todos os momentos que preciso.

– Como era o nome de seu pai?

– Ele também se chamava Fábio, como meu avô. Rachel, eu sei que seus pais têm algumas limitações para entender a vida, e isso a magoa, mas você tem seu irmão, que me parece não ser assim.

– Verdade. Rogério é diferente, está sempre bem e disposto a ajudar as pessoas. Acredito que entende a vida de maneira diferente. Ele fala que o Espiritismo dá essa compreensão; eu queria muito ir com ele ao Centro Espírita, mas meus pais não deixam, dizem que isso é coisa do demônio; mesmo assim eu estudo com ele *O Livro dos Espíritos* e *O Evangelho Segundo o Espiritismo*.

– Seu irmão é espírita?

– É sim, ele trabalha no Centro Espírita que frequenta e também dá assistência em um posto que eles cuidam dentro de uma favela. Meus pais dizem que eles são loucos de se exporem a esse perigo. Eu acho que é muito bonito o que ele faz.

– Minha família também é espírita. Engraçado não termos falado ainda sobre esse assunto, somos amigas há tanto tempo!

– É, e nunca falamos disso.

– Eu acho seu irmão lindo, sabia? E agora você vem me dizer que ele ainda é boa gente, acho que vou me apaixonar – falou Carol dando risada.

Rachel sorriu do comentário bem-humorado da amiga e observou-a atentamente, percebendo que seus olhos brilhavam quando falava de seu irmão.

– Saiba que eu ficaria muito feliz se meu irmão a namorasse. Eu acho que você já está apaixonada por ele.

Carol enrubesceu e constrangida abaixou a cabeça.

– Não fique envergonhada, meu irmão é uma ótima pessoa, bonito, simpático e fácil de ser amado. Você também é assim, e eu acho que formariam um bonito casal.

— Mas ele é muito mais velho que eu, para ele eu sou apenas uma criança. São oito anos de diferença. Tenho quase quinze e ele vinte e três.

— É uma pena, pois você me parece bem mais madura que quinze anos. Quem sabe ele também não acabe percebendo isso? Seria muito bom. Nós fazemos aniversário no mesmo dia, poderíamos dar uma grande festa, o que acha?

— Vamos ver... mas deixemos isso por aqui mesmo. E você, o que tinha de tão importante para conversar comigo?

— Gostaria que sua mãe estivesse conosco.

— Ela já está dormindo!

— Podemos deixar para amanhã?

— Você é que sabe. No momento em que estiver preparada, eu estarei pronta para escutá-la.

— Obrigada, Carol! Agora estou com sono, acho melhor dormirmos um pouco, pois amanhã teremos muitas atividades; sua mãe e Caio prometeram nos acordar cedinho.

— Amanhã? Que nada! É hoje mesmo; são três horas do novo dia.

As duas amigas se aconchegaram em seus travesseiros, cobriram-se e dormiram imediatamente. Do lado de fora da casa, sombras sinistras prenunciavam momentos oportunos de reajuste moral.

CAPÍTULO 2

– UM PRESENTE DE DEUS –

133. Necessitam de encarnação os Espíritos que, desde o princípio, seguiram o caminho do bem?

Todos são criados simples e ignorantes, e se instruem através das lutas e tribulações da vida corporal. Deus, que é justo, não podia fazer felizes a uns sem fadigas nem trabalhos, e portanto sem mérito.

133.a. Mas então de que serve aos Espíritos seguirem o caminho do bem, se isso não os livra dos sofrimentos da vida corporal?

Chegam mais depressa ao alvo. Além disso, as aflições da vida são muitas vezes a consequência da imperfeição do Espírito. Quanto menos imperfeições, tanto menos tormentos. Aquele que não é invejoso, ciumento, avaro, ambicioso, não sofrerá as torturas que se originam desses defeitos.[3]

---

[3] KARDEC, Allan. *O Livro dos Espíritos*. Livro II – "Do Mundo Espírita ou Mundo dos Espíritos", capítulo II – "Da Encarnação dos Espíritos", item I – "Objetivo da Encarnação" (N.M.).

Numa bela manhã de outono, o sol cálido e quente iluminava a terra bendita por onde andávamos a experimentar intensas sensações e emoções. Olhei à minha volta e percebi que o chão, repleto de folhas amareladas, parecia um tapete; senti no rosto uma brisa suave, que era ao mesmo tempo quente e fresca. O céu azul, pontilhado de nuvens brancas e fofas, encantou-me demasiado. Sentia mais do que via a Natureza ao meu redor; emocionado, permiti que lágrimas escorressem livremente por meu rosto. Andava me emocionando com facilidade; o simples bater de asas de uma borboleta multicolorida se assemelhava a linda sinfonia, que tocava meu coração. Lembrei-me de frase dita por Charles Chaplin e eternizada pela humanidade: *As melhores e as mais lindas coisas do mundo não se podem ver nem tocar; elas devem ser sentidas com o coração.*

Maurício se aproximou de mim e comentou alegre:

– Sinto que você comunga com a Natureza, meu caro amigo Vinícius.

– E isso tem me emocionado de maneira intensa. Percebo cada som e cada movimento com uma intensidade nunca experimentada. Tenho percebido coisas que nunca antes pensei existirem – comentei com a voz embargada pela emoção.

– Espero em breve poder desfrutar desse sentimento. Ainda permito que meus sentidos sejam bloqueados pelas preocupações com os afazeres do dia e a inquietude com o futuro, pois sei que minhas dificuldades em superar minhas limitações não foram totalmente erradicadas, e isso persiste em minha mente.

– O caminho que percorremos em nossa vida, prepara-nos para o dia seguinte – constatei –, e, à medida que exercitamos a confiança em nós mesmos, menos inquietos e inseguros nos tornamos. Quanto mais crentes na bondade do Pai, mais descobrimos nossa origem divina, o que nos proporciona uma serenidade indescritível. Assim, vivemos a vida, sentindo e desfrutando de todas as sensações e sentimentos como presentes de nosso Pai Maior, como instrumentos que nos facilitam o trabalho de aperfeiçoamento para nosso Espírito.

– Estou aqui a pedido de Ineque – comentou Maurício. – Rachel, Angela e Carol estão sentadas à beira de uma linda cachoeira e nossa jovem mãezinha busca coragem para pedir ajuda às amigas. Devemos estar presentes e iniciar o auxílio que Fábio solicitou.

– Fábio? O pai desencarnado de Carol?

– Ele mesmo. Teremos algumas informações assim que nos reunirmos ao grupo de trabalho. Fábio vai se juntar a nós nessa empreitada.

– Muito boa notícia. Vamos ao encontro de nossas amigas.

A natureza prodigiosa em sua beleza brindou-nos com belíssimo espetáculo de cores e sons. O pequeno riacho de águas cristalinas acabava por desembocar em uma queda de água, que alimentava um lago rodeado de exuberante vegetação. As três amigas, sentadas em uma pedra banhada por respingos de água gélida, riam felizes pelo momento de tranquilidade do qual desfrutavam.

Aproximamo-nos do pequeno grupo e logo percebi que Angela desviava o olhar em nossa direção, sorrindo com alegria, e ao mesmo tempo nos dirigia pensamentos de carinho e boas-vindas.

– Mãe, para quem sorri? Você está vendo alguma coisa que a deixa alegre?

– Vejo sim, minha filha, bons amigos espirituais que se aproximam de nosso pequeno grupo.

– Nossa! Que bom!

– Do que vocês estão falando? – perguntou Rachel curiosa.

– Minha mãe possui a mediunidade da dupla vista. Ela consegue ver os dois mundos ao mesmo tempo, o nosso, dos encarnados, e o invisível para a maioria de nós, o mundo dos desencarnados – respondeu Carol.

– Você vê os espíritos como nos vê? – questionou Rachel, dirigindo-se a Angela.

– Não com tanta nitidez, mas os vejo – disse a doce senhora.

– Como assim? Você os vê como se fossem fantasmas, transparentes? – tornou Rachel.

– Eu os vejo perfeitos como eu vejo vocês, apenas a coloração é mais suave.

– Que legal, tia! E esses espíritos que você vê agora, como são?

– Quem nos visita nesta radiosa manhã são Vinícius e Maurício, companheiros de trabalho socorrista que estão estagiando na Casa Espírita que frequento. Vinícius aparenta mais idade, sessenta anos, e Maurício tem a aparência de vinte e cinco anos, porém o que mais me chama a atenção é a aparência serena e o sorriso feliz por estarem aqui conosco neste momento. Aproveitemos a companhia de tão adoráveis espíritos e elevemos nosso pensamento ao Pai em uma prece de agradecimento por esse dia maravilhoso – convidou Angela com alegria.

Após alguns instantes em silêncio, Angela olhou com carinho para Rachel e disse:

– Você gostaria de conversar conosco?

Rachel, com as faces ruborizadas, olhou para Angela e emocionada falou em um fio de voz, que mais se assemelhava a um murmúrio:

– Eu estou esperando um filho e estou com muito medo.

Angela e Carol a envolveram em um doce abraço e disseram ao mesmo tempo:

– Que alegria! Um presente de Deus para todos nós.

E assim as amigas permaneceram por alguns instantes, permitindo a Rachel que desabafasse os intensos sentimentos que vinha vivenciando nos últimos dias. Angela, com carinho, enxugou as lágrimas que teimavam em escorrer pelo delicado rosto da menina.

– Você já disse ao pai da criança a novidade?

– Não tenho coragem. O Airton está muito doente, vocês sabem que ele tem um problema grave no coração, e na quarta-feira ele passou muito mal. A mãe dele disse que vai entrar para a fila de transplantes, pois os médicos não veem mais solução – informou Rachel.

Naquele instante, Caio, que se aproximava do grupo, parou e olhou penalizado para Rachel, pois sem querer escutara a notícia de sua gravidez. Carol levantou os olhos e viu o irmão olhando para Rachel, e percebeu que o rapaz alimentava delicado e discreto sentimento por sua amiga.

– Desculpe ter chegado em silêncio, não quero que pense que estou me intrometendo em sua vida, Rachel – afirmou o rapaz com certo constrangimento.

– Não se preocupe, Caio. Confio muito em todos vocês – respondeu Rachel.

– O que você pretende fazer? – questionou Caio, olhando Rachel com muito carinho.

– A única certeza que tenho é que terei o meu filho ou minha filha. Mas, de como farei isso, não tenho a mínima ideia – falou Rachel, voltando a chorar mansamente.

– Rogério já sabe? – inquiriu Carol.

– Descobri ontem à tarde que sim, apesar de não ter contado a ele; ele prometeu me ajudar a resolver tudo. Apenas sinto muito medo da reação de meus pais. Eles não vão compreender – desabafou.

– Acredito que, ao saberem da notícia, no início ficarão chocados, pois sabemos como são preconceituosos e radicais em suas opiniões, mas também têm bom coração e a amam muito. Você precisa acreditar que somente coisas boas acontecerão por conta dessa maravilha, que é uma vida crescendo em seu ventre – completou Angela.

– Ah, Angela! Quem me dera poder acreditar nisso, mas sei que eles reagirão de maneira violenta, só não quero que machuquem meu nenê – disse Rachel acariciando o ventre.

– Você acredita que eles seriam capazes disso? – perguntou Carol, admirada pelo comentário.

– Acredito, eu sofri muito com o jeito deles, e o Rogério nem se fala. O coitado vivia apanhando para me defender, mas aí ele cresceu e não permitiu mais esse tipo de violência lá em casa – respondeu Rachel.

– Eu não sabia que era tão grave assim – comentou Caio, com pena.

– Agora meu pai não bebe tanto quanto antes, mas tenho certeza de que, quando souber, será a primeira coisa que fará. Aí ninguém conseguirá segurá-lo. Ele fica muito agressivo e maldoso, nem parece ele. Meu pai se transforma e, às vezes, acho até que o rosto muda – contemporizou Rachel.

– Precisamos encontrar um meio de contar a eles e não permitir que você fique exposta a essa situação sozinha – afirmou Angela.

– Podemos fazer uma reunião lá em casa, um jantar, e no fim contamos a eles; assim, controlamos as reações mais agressivas – ponderou Caio.

– Mas eu terei de voltar para casa e eles ficarão mais furiosos ainda. Vão dizer que foram expostos ao julgamento de estranhos e humilhados; as consequências serão muito piores – concluiu Rachel.

– Não tem como você falar com o Airton mesmo? Ele gosta muito de você e os pais dele conhecem-na desde pequenina. Um dia eles precisarão saber; afinal, essa criança é parte da vida de todos eles – falou Angela.

– Eu sei que posso contar com eles, mas queria esperar o resultado dos exames que ele vai fazer. Eles já têm tantas preocupações e agora mais essa! Não sei como permiti que isso fosse acontecer, acredito que fiquei com pena dele; mas nem sei se gosto do Airton; não sei o que fazer. E como será agora? – questionou a menina prorrompendo em sentido pranto.

– Acalme-se, você é uma criança vivendo uma situação bastante delicada e grave. Não tem como conseguir responder a tantas e tão difíceis perguntas no momento. Vamos acalmar a mente e os ânimos; tenho certeza de que a solução virá na hora certa e com nosso esforço pessoal. O importante é que você decidiu sobre o destino dessa gravidez, isso no momento já é muito, pode ter certeza, minha criança – disse Angela amorosa, abraçando-a delicadamente.

Envolvemos o grupo de amigos com nosso carinho e nos afastamos em direção à Casa Espírita que nos acolhia.

Maurício me convidou para visitar a antiga Cidadela das Amazonas da Noite[4], pois teríamos à nossa disposição um período livre até o anoitecer.

O caminho era encantador, assemelhava-se a florida alameda, pássaros entoavam lindos acordes, enquanto borboletas multicoloridas enfeitavam a paisagem; encontrávamos charcos e terra impregnada de lodo e a vegetação exuberante nos convidava ao retorno da vida. Chega-

---

4 MACARINI, Eliane. *Amazonas da Noite*. São Paulo: Lúmen Editorial.

mos aos grandes portões de entrada. Admirado, percebi que os mesmos pórticos entalhados estavam lá, porém, as figuras antes sombrias e sofridas que representavam a afinidade vibratória de suas habitantes transfiguravam-se em adoráveis formas de amor e sensibilidade. Entramos na área em que se localizava a grande praça dos horrores. Sorrindo, admirei as formas harmônicas e leves que davam ao ambiente a aparência de conforto e paz.

Sentamos em um banco pintado de branco que estava localizado no meio de um belo canteiro de flores perfumadas. Ficamos a observar o movimento dos espíritos que por ali transitavam, e, admirado, percebi que eram os mesmos da antiga cidadela, agora em melhor estado físico e emocional, ainda aparentando as dores e os desequilíbrios, mas não mais presos a um passado de dor e horrores.

Uma jovem aproximou-se de nosso pequeno grupo. Notei a timidez que a acometia. Levantei e caminhei em sua direção sorrindo.

– Boa tarde, minha jovem! – cumprimentei-a com carinho.

– Boa tarde, senhor! Lembro-me de vocês; ainda estou meio confusa, mas me lembro de todos vocês – respondeu a jovem menina.

– Qual é seu nome? Eu me chamo Vinícius, este é Ineque e este o jovem Maurício – respondi mansamente.

– Eu me chamo Maureia, é o único nome de que me lembro, embora, hoje, não me sinta mais confortável com ele. Esse nome me foi dado por Pentesileia[5]. Às vezes consigo me lembrar de algumas coisas, mas ainda é tudo muito confuso – respondeu a jovem.

– Não se apresse, aos poucos a memória será acordada, conforme a irmã for se fortalecendo e serenando os sentimentos. Não importa o nome pelo qual somos conhecidos, mas sim os nossos feitos e a vontade de melhorar o comportamento, e isso conseguimos com afinco, trabalho, boa vontade e perseverança – completou Ineque.

Nesse instante, avistamos Ana, que saía de uma das construções centrais da grande praça, local onde estava localizado o antigo ministério das Amazonas da Noite, e que agora ostentava no alto uma placa luminescente na qual se via gravada em letras douradas: Biblioteca.

– Boa tarde, amigos! – cumprimentou-nos Ana, sorridente, demonstrando sua alegria em nos encontrar por aquelas paragens.

– Boa tarde! Sabia que a encontraria por aqui, por esse motivo convidei Vinícius e Ineque para visitar a cidadela, assim poderia contar com sua presença para nos mostrar as mudanças que ocorreram neste lugar – afirmou Maurício.

---

[5] Personagem do livro *Amazonas da Noite*, de autoria de Vinícius (Pedro de Camargo) (N.M.).

– Comprometi-me com o grupo que assumiu a direção da cidadela em auxiliar duas vezes na semana, entre uma tarefa e outra lá de nossa casa de socorro – respondeu Ana.

– A qual atividade você presta auxílio? – perguntei a ela.

– Participo de um grupo de terapia conduzido por Inácio e Fabíola. É uma atividade bastante interessante, e tem ajudado muito essas mulheres sofridas a entender a capacidade que possuem de modificar a sua relação com o que vivenciaram em experiências pretéritas, quando foram agredidas de várias maneiras – completou Ana.

– Essas agressões a que você se refere foram praticadas por homens? – perguntou Maurício.

– Na maioria dos casos sim, mas também temos alguns relatos de agressões que foram praticadas por outras mulheres ou mesmo incitadas por elas. O processo terapêutico que está sendo utilizado é bastante dinâmico, propõe a interação entre todas.

– Você poderia nos contar alguma experiência que vivenciou em uma dessas terapias? – inquiriu Maurício.

– Hoje a dinâmica usada foi a representação teatral do caso vivido por uma companheira. Na primeira etapa, ela se posicionou no meio de um círculo formado pelas integrantes do grupo e relatou um momento de muito sofrimento que a marcou de maneira profunda e dolorida. Na segunda etapa, algumas participantes redigiram um pequeno texto com falas sobre a história ouvida; outro grupo escreveu a mesma história, modificando o fim, em que a agredida conseguiu reagir à violência de maneira equilibrada e serena, assim modificando sua experiência; na terceira etapa, os dois grupos representaram os textos; na quarta etapa, foi proposto que todos se reunissem e, sob a direção da personagem central, escrevessem a história sonhada por ela. *Um sonho de futuro*, esse foi o título da quarta etapa. No fim, todos nós representamos esse capítulo como uma promessa de dias melhores para o que está por vir – explicou Ana.

– Bastante interessante. E você já viu os resultados positivos? – perguntei curioso.

Naquele momento, um grupo de mulheres alegres e falantes saía do grande edifício e se deslocava em direção à praça. Na frente, uma senhora gesticulava e ria com alegria, enquanto as outras a acompanhavam em brincadeiras e risadas. Ana sorriu com muita alegria e perguntou:

– Preciso responder? – E saiu em direção ao grupo para desfrutar daquele abençoado momento de companheirismo e esperança. Olhou para trás e falou: – Só alguns instantes, por favor, e eu já volto para acompanhá-los em uma visita à cidadela.

Admirados e felizes, andamos por aqueles campos abençoados de recuperação e mais uma vez agradeci, humildemente, a Deus pela oportunidade de participar desse trabalho renovador para todos nós. Sorri com espontânea felicidade, sentindo meu coração leve e realizado sentimentalmente; afinal, eu fazia parte de tudo aquilo.

– Maurício os trouxe aqui por algum motivo específico ou apenas para visitar nossa cidadela? – questionou Ana, que voltara a se juntar a nós.

– As duas coisas. Aproveitamos o momento de pausa em nossos trabalhos para conhecermos essa transformação da própria vida e também para solicitar sua presença em um trabalho que estamos iniciando – informou Maurício.

– É o caso de Rachel? – perguntou Ana.

– Sim, querida amiga. Hoje mesmo presenciamos emocionante momento de amizade entre a família de Carol e a jovem Rachel, quando ela criou coragem e contou a novidade aos amigos – falei, emocionado ao me lembrar da ocasião.

– O irmão de Rachel frequenta uma Casa Espírita, não é? Se não me engano o nome dele é Rogério. Ele coordena a mocidade espírita da casa. O irmão já sabe da gravidez de Rachel? – questionou Ana.

– Sabe sim, não apenas por observar o comportamento da jovem, mas também porque percebeu a aproximação do espírito reencarnante – informou Ineque.

— Você poderia me explicar esse aspecto mediúnico? — pediu Maurício.

— Posso sim. Rogério é médium vidente e há algum tempo percebeu que o espírito reencarnante estava em processo de familiarização ao lado de seus familiares. Depois da concepção, ele viu a energia que se expandia do ventre de Rachel, a partir de determinado ponto. Dessa forma, está orando e se preparando para ajudar a menina a superar as dificuldades, que com certeza encontrará pelo caminho — explicou Ineque.

— Todos os médiuns videntes têm a capacidade de "enxergar" essa mudança energética no corpo das mulheres grávidas? — inquiriu Ana.

— Não, nem todos conseguem visualizar essa benção do Pai. Como tudo na natureza segue as leis da afinidade moral, enxergamos o que já conseguimos entender, caso contrário, não teria utilidade prática, como no caso de Rachel — explicou Ineque.

— Se um médium vidente olhar para Rachel não perceberá que há ali uma ligação fluídica de outro espírito? — insistiu Ana.

— Alguns sim, outros não, tudo isso depende da sintonia vibratória e da capacidade de cada um para entender a própria vida — falou Ineque.

— Acredito que preciso preparar-me melhor para atender às necessidades desse trabalho. Percebo, neste momento, que estou aquém das informações necessárias – comentei, demonstrando certa preocupação com minha ignorância no assunto.

– Já prevíamos essa necessidade, por essa razão solicitamos permissão a nossos superiores e visitaremos as instalações que abrigam a Comunidade Preparatória Reencarnacionista Berço de Luz – disse Ineque, sorrindo diante de minha expressão maravilhada.

– Deus, que oportunidade boa nos dá! – exclamei, extasiado com a informação.

– Deveremos estar reunidos no Alto da Torre, onde faremos as preces matinais ao nascer do sol. Fábio também vai nos acompanhar em nosso período de estudo na Casa Berço de Luz – informou Ineque.

– Lá estaremos, com certeza e sem atraso – confirmou Maurício sorrindo.

CAPÍTULO 3

– SILÊNCIO ENRIQUECEDOR –

166. Desde que não atingiu a perfeição durante a vida corpórea, por que meios o Espírito atinge a depuração?

Submetendo-se à prova de uma nova existência.

166.a. Como realiza essa nova existência? Transformando-se no estado de Espírito?

Ao depurar-se, o Espírito realmente experimenta uma transformação; mas para isso lhe é indispensável a prova da vida corporal.

166.b. O Espírito passa então por muitas existências corporais?

Sim, todos temos tido várias existências. Os que afirmam o contrário querem manter-vos na ignorância em que eles se encontram. Esse o desejo deles.

> **166.c. Pelo exposto, entende-se que o Espírito, ao deixar um corpo, em seguida toma outro. Em outras palavras: reencarna-se em novo corpo. É isso o que se deve entender?**
>
> *Perfeitamente.*[6]

Após algumas horas de descanso, tive a felicidade de partilhar momentos agradáveis na presença de alguns amigos de minha última experiência na matéria, avaliando algumas ideias e o nosso trabalho na Federação Espírita de São Paulo, localizada no Viaduto Maria Paula, e fazendo planos para nosso futuro. Estava contente por reconhecer alguns momentos de escolhas felizes e outros em que, segundo descobri, poderia ter me empenhado um pouco mais para um resultado mais produtivo, porém, avaliados de maneira bem-humorada e em busca de melhores soluções mais oportunas.

O sol encontrou-nos ainda em agradável conversação; felizes, observamos o raiar do novo dia de oportunidades. Convidei os amigos para me acompanhar nas preces matinais de nosso Posto de Socorro, junto à Casa Espírita Caminheiros de Jesus. Para lá nos deslocamos em silêncio, com a intenção de preparar nossa mente ainda tão indis-

---

[6] KARDEC, Allan. *O Livro dos Espíritos*. Livro II – "Do Mundo Espírita ou Mundo dos Espíritos", capítulo IV – "Pluralidade das Existências", item I – "A Reencarnação" (N.M.).

ciplinada para o momento de elevação petitória e de agradecimentos ao nosso Criador.

As preces matinais dessa comunidade eram proferidas aos primeiros raios de sol. Embevecidos pela beleza que já conseguíamos enxergar, felizes com as perspectivas de aprendizado para o dia, percebíamos que mais e mais nos desprendíamos da matéria, com amor e fé, o que nos facultava incríveis momentos de plenitude relativa.

Alimentados por esse sentimento que preenchia as lacunas ainda presentes em nossa mente, descíamos aos vales de dor, fortalecidos e felizes por já termos condições de sermos aqueles que auxiliam.

Esses momentos trazem à minha mente um texto de Emmanuel, psicografado pelo querido Chico Xavier, no livro *Fonte viva*, lição 56, intitulada "Renasce agora". Emocionado mais uma vez com a lembrança, passei a partilhá-la com meus amigos.

Ineque se aproximou e disse com um sorriso nos lábios:

– Percebo que o amigo está pronto para o trabalho que hoje iniciaremos! Então... o que estamos esperando? Caminhemos em direção ao melhor de nós mesmos.

Dirigimo-nos para a cidade no plano espiritual que abriga o abençoado grupo de trabalho que se autointitula Berço de Luz, onde poderíamos desfrutar de oportuna reunião entre espíritos ansiosos por informações sobre oportunidades de reencarne.

O prédio que abrigava essa abençoada morada apresentava seis andares e fora construído de material translúcido, de coloração azulada, que refletia os raios solares como um diamante lapidado em mil faces. O teto terminava em forma cilíndrica e tinha um brilho prateado que se estendia ao firmamento. A construção encontrava-se localizada no centro de belíssima praça, adornada por delicados canteiros enfeitados por minúsculas flores multicoloridas. Entre os canteiros havia passarelas por onde as pessoas, encantadas e serenadas pela energia ali presente, caminhavam.

Vi uma senhora, que aparentava elevada idade, amparada por simpática jovem. Ela caminhava com dificuldade e, em determinado momento, solicitou descanso, pois se sentia exaurida pelo esforço empreendido. A jovem solícita olhou em direção a um espaço entre duas árvores de pequeno porte e, imediatamente, uma poltrona confortável surgiu e a senhora foi acomodada.

Ineque, sorrindo pelo meu espanto, comentou bem-humorado:

– Não é porque não enxergamos que as coisas deixam de existir; assim como aquilo que temos como certo pode ser apenas uma ilusão.

– O assento foi plasmado nesse momento ou já existia? – perguntei, ainda bastante curioso.

– Experimente você! – aconselhou o amigo sorridente.

Olhei para um canto acolhedor e mentalizei uma rede estendida entre os troncos de duas árvores em flor. Admirado, percebi o objeto mentalizado tomar forma semelhante à rede que me acolhia ainda no plano material. Sorri feliz e disse:

– São coisas simples, mas que ainda me encantam; são as provas de nossa potencialidade ainda tão desacreditada.

– Isso mesmo, Vinícius – exclamou Fábio, que se juntou ao grupo. – Estamos observando as maravilhas que nossa mente pode produzir, com relação à manipulação da energia mais densa, que se torna tangível e visível aos nossos olhos, ainda tão familiarizados com a matéria! Imaginemos o alcance de nosso amor direcionado a socorrer a dor que consome a humanidade neste momento de sua história. Imagine se conseguíssemos enxergar além de nossas necessidades imediatas, o que poderíamos realizar e transformar!

– Bom dia, Fábio! – cumprimentou Ineque com um sorriso.

– Bom dia, Ineque! Você deve ser Maurício! É um prazer trabalhar com você e Vinícius – Fábio retribuiu o cumprimento com amabilidade.

Entramos no edifício. O ambiente era claro e harmônico. Um senhor de aparência serena nos aguardava com um sorriso simpático.

– Bom dia! Devemos nos reunir com um grupo de solicitantes para projetos reencarnatórios em trinta minutos. Caso tenham dúvidas, este é o momento adequado para os questionamentos. Meu nome é Osório, trabalho na Casa de Apoio Berço de Luz há mais de cinco anos terrenos.

– Eu sou Ineque, e estes são meus companheiros de trabalho Vinícius, Maurício e Fábio. Você falou sobre um grupo de solicitantes para projetos reencarnatórios? Esse seria o primeiro contato para a avaliação dos pedidos?

– Exatamente, isso acontece em uma reunião comum para todos, na qual o digníssimo amigo de entendimento moral melhor faz uma preleção sobre a importância desse pedido; após a exposição, teremos algum tempo para os questionamentos – explicou Osório.

– Todos os que aspiram a reencarnação devem participar dessa atividade? – perguntou Maurício.

– Isso mesmo, meu jovem. Alguns que aqui chegam acreditam que estão preparados para essa solicitação e deixam de reflexionar sobre suas limitações comportamentais. Essa palestra comunitária acaba por despertar na mente deles algumas dúvidas que necessitam de respostas, por meio da preparação intelectual e moral para uma nova experiência na matéria – avisou Osório.

– Percebi que passamos por vários cômodos mobiliados como salas de aula – afirmou Fábio.

– Cada sala está preparada para desenvolver um tema específico, como o aborto, por exemplo. Espíritos interessados em entender e superar sofrimentos relacionados ao tema se reúnem sob a coordenação de um amigo que possui capacidade intelectual e moral para auxiliá-los na pesquisa do assunto. São feitas também terapia individual e coletiva, dramatização de possibilidades na vivência, visitas a encarnados que vivem o drama de uma escolha importante, além de outras atividades. Após o período necessário a esse aprendizado, o aspirante a essa expiação ou prova decidirá se tem ou não condições de continuar solicitando essa experiência – explicou Osório.

– Muito interessante o que nos contou. Seria essa nossa atividade inicial? – perguntou Fábio.

– Isso mesmo, auxiliamos esses irmãos a conhecer o assunto de maneira esclarecedora. Assim, poderão fazer uma escolha mais lúcida e firme daquilo que planejam experimentar em sua próxima aventura na matéria – esclareceu Osório.

– E esse programa esclarecedor e motivador é destinado a qual tipo de reencarnação? – perguntei ao amigo.

– Estamos falando de espíritos que já possuem alguma liberdade de escolha, que gozam de lucidez e inteligência mais apurada. Chamamos de planejamento semivoluntário ou semiconsciente; são espíritos em condições de escolher as provas e expiações, porém assistidos por mentores que opinam sobre a utilidade progressiva de uma ou outra vivência. O objetivo principal desse planejamento é o progresso moral do espírito por meio da autoeducação para a vida. É um excelente exercício de humildade, pois muitos dos que consideramos aptos, após algumas experimentações terapêuticas, percebemos não estar prontos ainda, e temos de recapitular o pedido inicial. Não raras vezes, temos de modificar radicalmente o planejamento encarnatório pretendido – respondeu Osório.

– Esse é um momento muito importante para o espírito, pois, dependendo de suas escolhas e sua preparação para vivenciá-las, dependerá também o resultado a ser obtido – comentou Fábio.

– Por essa razão, a seriedade que é exigida do solicitante; a reflexão profunda sobre a sua capacidade em modificar atitudes viciosas e superar a si mesmo. Afinal, reencarnamos para transformar a nossa visão do mundo, para exercitar a visão diferente da vida e enxergar o universo como espíritos divinos a caminho da perfeição – completou Osório sorrindo.

– Quanto tempo é necessário para se avaliar a possibilidade de um espírito estar preparado para viver determinada experiência? – questionou Maurício.

– Isso depende do grau de entendimento que ele possa alcançar. Já presenciei um amigo iniciar um planejamento encarnatório certo do que estava pedindo para experimentar e acabar por solicitar uma vivência intermediária, apenas uma preparação para o que realmente desejava alcançar – respondeu Osório.

– Então desistir de um objetivo não invalida o pedido? – inquiriu Maurício.

– Com certeza não, apenas há um novo direcionamento para alcançar o objetivo. Nosso tempo acabou; precisamos seguir em direção ao salão verde, onde acontecerá a preleção comunitária – avisou Osório.

Entramos no grande salão, que estava repleto de espíritos aspirantes a uma nova experiência na matéria. Senti grande emoção ao percorrer a plateia, imaginando quantas esperanças de refazer caminhos antes tortuosos ali emanavam em doce momento de libertação.

Um silêncio enriquecedor da alma envolvia a todos ali presentes. Admirado, observei que uma parte da assistência compunha-se de espíritos encarnados. Curioso, olhei para Fábio e ele, sorrindo, respondeu:

– São amigos que se propuseram a auxiliar companheiros de antigas vivências em futura viagem ao mundo da matéria, e com prazer participam de todas as etapas necessárias à preparação da nova experiência. Outros ainda solicitam frequentar as reuniões como forma de fortalecer o conhecimento já adquirido. Mas o que importa é a intenção e o propósito de todos aqui presentes.

– E estamos aqui também com a intenção de aprender os trâmites pré-encarnatórios com o propósito de auxiliar no socorro àqueles que necessitam de nossa intervenção pacífica – completou Ineque.

– Eu usaria o termo apoio pacífico – comentou Fábio sorrindo.

– Bem lembrado, meu amigo. Nosso vocabulário muitas vezes pode gerar dúvidas ou mesmo provocar confusões de aprendizado – interagiu Ineque bem-humorado.

– Lembro-me de uma situação bastante pitoresca que presenciei certa vez na FEESP, durante o início de estudo da Doutrina dos Espíritos para um grupo de aprendizes. Uma senhora, bastante simpática, consultou-nos sobre a possibilidade de ser uma médium de psicofonia, antes denominada de incorporação. De boa vontade, discorri sobre o assunto, enfatizando que, caso fosse esse tipo de médium, aconteceria naturalmente. Passamos ao período de estudo de *O Livro dos Médiuns*, e após demos início ao estudo prático da mediunidade. Aconselhamos todos a manter um padrão vibratório elevado e a humildade de se colocar à disposição da equipe espiritual que nos acompanhava. Estávamos em silêncio e alguns monitores conversavam com os iniciantes, esclarecendo dúvidas pessoais. De repente, a tal senhora levantou-se, abruptamente, e começou a correr pela sala. – Fiz ligeira pausa, relembrando o episódio, e continuei: – Levantei-me e tentei interceptá-la em sua corrida desenfreada, mas ela não se continha e dizia, de maneira ansiosa: "Se eu parar, o espírito toma conta do meu corpo".

– E como você conseguiu acalmá-la? – perguntou Fábio bem-humorado.

– Confesso que gastei bons minutos correndo atrás da senhora, tentando entender o que ela estava querendo dizer e fazer, até que ela disse: "Foi o senhor que disse que eu poderia ser médium de incorporação, então qualquer um pode tomar conta do meu corpo e eu não posso deixar. E se for um espírito desrespeitoso?"

– E depois? Ela entendeu como se processam as comunicações mediúnicas? – inquiriu Maurício, sorrindo de minha história.

– Naquela noite o trabalho foi interrompido e passamos a conversar com os outros membros do grupo. Descobrimos que a maioria possuía dúvidas importantes a serem esclarecidas antes de iniciarmos a educação prática do trabalho mediúnico. Então, decidimos estabelecer alguns parâmetros na educação mediúnica, visando a melhor compreensão da ação de cada um como espírito atuante dentro de uma reunião – completei.

– Vejam! O palestrante está chegando ao salão – avisou Ana, juntando-se a nós.

CAPÍTULO 4

– DUAS MISSÕES –

167. Qual o objetivo da reencarnação?
Expiação, prova, melhoramento progressivo da Humanidade. Sem isso, onde estaria a justiça?[7]

Uma adorável entidade entrou no salão iluminado por suave tom azulado. Sua presença emocionou-nos sobremaneira; seu olhar sereno perscrutava cada semblante da audiência. Ele movia-se com leveza e graça. Tinha um sorriso de felicidade que iluminava seu rosto de beleza singular e simples. Elevou-se no pequeno palco à nossa frente e com alegria saudou-nos:

---
7 KARDEC, Allan. *O Livro dos Espíritos*. Livro II – "Do Mundo Espírita ou Mundo dos Espíritos", capítulo IV – "Pluralidade das Existências", item I – "A Reencarnação" (N.M.).

– Ah! Quanta alegria esse coração está desfrutando neste momento – redarguiu com voz cristalina e límpida, tocando de leve o peito que irradiava diáfana energia de coloração rosa. – Agradeço ao Pai bendito por estas oportunidades: poder conversar com amigos dispostos a caminhar na senda evolutiva.

"A reencarnação deve ser entendida, sobretudo, como oportunidade de exercitar os nossos melhores propósitos; afinal, aqui estamos em busca de nossas verdades, sejam elas próximas a virtudes conquistadas ou assentadas ainda em atitudes mentais viciosas e tão próximas de nosso mais triste exílio espiritual.

"Reencarnar, sobretudo, é estar apto a fazer escolhas conscientes, é saber, aqui e agora, quais as limitações comportamentais que devemos temer e evitar experienciar. Devemos despertar em nossa mente a lucidez em aceitar esses limites ainda impostos por nosso orgulho e por nossa vaidade? Solicitar essa nova vivência é ser responsável por responder a algumas questões essenciais à nossa mente inquiridora. Já estamos preparados para vencer a necessidade de prazeres momentâneos? Ainda somos tentados pelas sensações prazerosas das quais nossos sentidos nos cobram realização?

"Planejar uma encarnação é um precioso momento de voltar a atenção sincera para si mesmo, reconhecendo em cada sensação e pensamento as características que ainda nos mantêm presos às nossas fragilidades; é descobrir humildemente quais as nossas necessidades, e, principalmente, quais as certezas aprendidas, assimiladas e prontas a serem vivenciadas.

"Planejar uma nova vida é despojar-se mentalmente de antigos vícios, permitindo que novos conceitos possam tomar forma, a ponto de serem sentidos como parte de nosso intelecto. Planejar uma encarnação é colorir a vida de novas nuances, é provocar a explosão de um arco-íris imensurável, que nos encanta o propósito e o sentido, e dessa maneira viver em plenitude as situações que se nos apresentem. Escolher sabendo que teremos nos dias vindouros consequências semelhantes a serem vividas é compreender que hoje é reflexo do ontem e o amanhã será sempre a esperança de um novo ser.

"Viver é a certeza de nossa origem divina, é ter consciência de nossa capacidade de aprender, de nos transformar em busca da perfeita união com o Criador.

"Cada um de nós presente nesta reunião amorosa de propósitos salutares está em busca de sua identidade feliz, sem saber ao certo que já é portador desse bem maior; precisa apenas ser merecedor desse sentir perfeito, como criaturas do Pai.

"Abracem a vida como merecemos, com amor, fé e retidão de propósitos, pois estamos acompanhados sempre do melhor que o Pai pode nos ofertar e devemos apenas ter olhos para ver e coração para sentir. Deus os abençoe nesse constante movimento evolutivo: a própria vida."

O querido irmão ergueu as mãos com carinho e pediu ao Pai a sua bênção em nome de cada um de nós. Intensa e suave energia envolveu os presentes nessa singela reunião de esperança maior; emocionados e gratificados pelo momento de amor, saímos do salão em silêncio.

Nosso grupo se deslocou para a Casa Espírita Caminheiros de Jesus a pedido de Inácio, que solicitava nosso auxílio.

– Obrigado por terem atendido ao meu pedido – agradeceu Inácio assim que entramos numa pequena sala de reunião no plano invisível.

– Percebo certa urgência em sua voz; aconteceu alguma coisa? – perguntei ao amigo.

– Aconteceu sim. O grupo de apoio a jovens mãezinhas, um dos trabalhos realizados por companheiros encarnados da Casa Espírita Caminheiros de Jesus, acompanha uma jovem chamada Beatriz, ou Bia, como gosta de ser chamada. Essa menina tem grande afinidade com uma de nossas trabalhadoras e vez ou outra acaba por pedir ajuda a ela, isso em situações até mesmo graves – esclareceu Inácio.

– Como assim, Inácio? Você poderia ser mais claro? – questionou Maurício.

– Bia é uma menina de comportamento bastante conflituoso, gosta de aventuras, e não raras vezes acaba por fazer escolhas comprometedoras que trazem grande desequilíbrio em sua vida. Os pais vivem um relacionamento desequilibrado e doentio, o que sempre provocou nos filhos sentimentos de insegurança e abandono. O quadro emocional da menina é agravado em relação a todos que a cercam. Ela gosta muito dos avós paternos, mas não desenvolveu aquela confiança verdadeira, para expor todas as ideias que visitam sua mente, então ela acaba por selecionar o que fala e o que confidencia – continuou Inácio.

– Pelo que você está expondo, Bia é ainda um espírito inconsequente, sem muita noção da lei de causa e efeito – comentei.

– É um espírito inconsequente e irreverente e anseia por passar uma imagem de perfeição que está longe de ser verdadeira e que acaba por gerar uma ansiedade cada vez mais intensa – completou Inácio.

– Então... também é muito orgulhosa – falou Maurício.

– Como nós mesmos, mas continue – pedi sorrindo.

– Ela passa por momentos de bastante aflição; está grávida e esta seria a sua sétima gestação – informou Inácio.

– Ela já tem seis filhos? – questionou Ana.

– Não, infelizmente, não. Ela interrompeu cinco gestações e tem um filho – explicou Inácio.

– Ela provocou abortos? – perguntei ao amigo.

– Isso mesmo. Mas não entende a gravidade de seu gesto e justifica o seu ato, não permitindo a continuidade dessas gestações, dizendo a si mesma não ter condições de criar mais filhos – continuou Inácio.

– Qual a idade do filho? – perguntou Ana.

– É uma menina de oito anos. Há pouco tempo, a família passou por muitas dificuldades financeiras e ela estava emocionalmente desequilibrada; foi nessa época que pediu ajuda aos trabalhadores da Casa Espírita, mais diretamente ao grupo da assistência social. Após esse fato, as coisas foram se equilibrando e a família estava razoavelmente bem, conseguiram empregos em uma cidade próxima e estavam em franco processo de recuperação financeira, mais tranquilos e com condições de melhorar a qualidade de vida – falou Inácio.

– E o que o está preocupando? – perguntou Maurício.

– Ontem, Bia soube que está grávida novamente, e isso a descontrolou. Ela está alimentando a ideia de provocar um novo aborto. No próximo fim de semana deve encontrar-se com o grupo da assistência social; sugiro intuir nossa amiga Sheila a ter uma conversa franca com a menina – informou Inácio.

– Mas... Sheila passa por um período bastante turbulento, com a doença de nosso amigo Rubens, e os problemas que enfrenta com sua própria família. Será que terá condições de perceber mais essa situação? – inquiri ao amigo.

– Acredito que devamos tentar, ela conhece a menina para poder notar algumas diferenças de comportamento e também na aparência, pois até hoje é a única pessoa que conseguiu enxergar a índole verdadeira de Bia, de maneira clara, sempre com a intenção de contribuir com a reeducação desse espírito irreverente – explicou Inácio.

– Teremos uma reunião mediúnica esta noite, vou aproveitar a oportunidade para alertar a amiga sobre o problema – falei aos companheiros.

– Só mais uma pergunta, Inácio. E se Bia colocar em prática o que vem planejando? Quais serão as consequências? – questionou Ana.

– Graves, minha amiga, muito graves. Ela já burlou as leis naturais seguidas vezes e não consegue perceber a gravidade de seus atos – afirmou Inácio.

– Esse comportamento aconteceu apenas nessa encarnação? – perguntou Maurício.

– Não, ela já vivenciou outras histórias semelhantes, igualmente comprometedoras perante as leis divinas – comunicou Inácio.

– E o marido dela, qual é o seu posicionamento? – inquiriu Ana.

– Ele desencarnou há alguns anos, inclusive esse atendimento é a pedido dele. A criança que ela está gestando é de um namorado, porém este não presta muita atenção à companheira – falou Inácio.

– Então... ela se compromete também em relação a ele – falei apiedado pela jovem.

– Isso é relativo, pois, apesar de não saber de maneira concisa o que está acontecendo, existe também certo descaso da parte dele; mas temos agora oportunidade bendita de auxiliar essa jovem a interpretar a vida com a importância que ela tem – respondeu Inácio.

Ineque, que permanecera com Fábio para maiores informações sobre o caso de Rachel, juntou-se a nós.

– Parece que trabalharemos em dois casos ao mesmo tempo, então devemos nos organizar para realizar esses atendimentos de maneira a não perder nenhuma oportunidade de ação. Proponho que agora no início possamos fazer uma divisão lógica das necessidades iniciais.

Decidida a divisão dos trabalhos, unimo-nos em prece intercessória pelos amigos necessitados de esclarecimento, com a intenção amorosa de auxiliá-los a vencer as próprias limitações em forma de provas e expiações.

CAPÍTULO 5

– A MENSAGEM –

171. Em que se funda a lei da reencarnação?
Na justiça de Deus e na revelação, incessantemente repetimos: o bom pai deixa sempre aberta uma porta para o arrependimento. A razão nos vos indica que seria injusto privar para sempre da felicidade eterna aqueles aos quais não se deram todas as oportunidades para se melhorarem? Não são filhos de Deus todos os homens? Somente entre egoístas são comuns a iniquidade, o ódio implacável e os castigos eternos.[8]

Nossos amigos deslocaram-se para a chácara onde Rachel estava hospedada com a família terrena de Fábio. Era o anoitecer de mais um dia; a lua brilhava no firmamento e

---

[8] KARDEC, Allan. *O Livro dos Espíritos*. Livro II – "Do Mundo Espírita ou Mundo dos Espíritos", capítulo IV – "Pluralidade das Existências", item II – "Justiça da Reencarnação" (N.M.).

iluminava a bela construção que abrigava seus habitantes. O ar estava perfumado pela essência exalada por eucaliptos; um vento suave soprava, balançando os galhos das frondosas árvores e provocando música na natureza, que acalmava a todos.

Rachel, Carol, Angela e Caio encontravam-se na varanda da formosa casa, sentados em poltronas de vime.

– Você está bem, Rachel? – perguntou Angela com carinho.

– Estou sim. Sinto-me muito bem, o enjoo da manhã foi passando aos poucos.

– Amanhã à tarde estaremos voltando para a cidade. Você já decidiu o que fará? – perguntou Caio.

– Ainda não, estou com muito medo de meu pai. Essa noite tive um pesadelo horrível. Sonhei que ele esmurrava minha barriga e gritava sem parar. Acordei com dores e parecia que realmente havia apanhado – narrou a mãezinha bastante emotiva.

– Não alimente esses medos, minha menina, eles apenas agravam sua insegurança do momento. Ore bastante, pedindo a Deus forças para enfrentar os problemas que hoje a incomodam, mas, acima de tudo, acredite que estará sempre sob a guarda dos anjos benditos de nosso Pai Maior – falou Angela acariciando a mão trêmula da jovem mãezinha.

– Gostaria tanto que meus pais tivessem a mesma compreensão que tem demonstrado comigo. Eu nunca imaginei que isso pudesse acontecer. Sei que deveria ter tido mais cuidado ou mesmo não ter permitido que meu namoro chegasse a esse ponto, mas de verdade mesmo nunca pensei que poderia engravidar. Contudo, agora que aconteceu, não consigo imaginar minha vida futura sem essa criança. Não sei se para outras mulheres é assim também, mas eu sinto um grande amor por esse nenê que cresce em minha barriga; não vejo a hora de poder abraçá-lo e beijá-lo muito – falou Rachel com um sorriso nos lábios.

– Nossa! Eu estou ansiosa para ver esse nenê. Imagina você, então! Será que posso ser madrinha dele? – perguntou Carol.

– Mas no Espiritismo tem batismo? – inquiriu Rachel.

– Não temos nenhum ritual semelhante a outras religiões, mas podemos nos comprometer com a criança, auxiliando-a na trajetória de sua vida – completou Caio sorrindo.

– Isso quer dizer que você gostaria de ser o padrinho? – perguntou Rachel, olhando o rapaz que corava diante de seu olhar.

– Gostaria muito – respondeu o moço emocionado.

– Pois então está decidido, você e Carol serão os padrinhos de meu nenê – decidiu a menina emocionada, levantando-se de sua poltrona e abraçando os amigos queridos.

Enquanto observavam essa cena amorosa, Ineque, Fábio e Ana perceberam a aproximação de algumas entidades envoltas em densa energia. Um rapaz de aparência belicosa se aproximou com altivez dos socorristas e indagou acintosamente:

– O que querem aqui?

– Estamos visitando os amigos residentes dessa morada. E o amigo, o que pretende por estas paragens? – perguntou Ineque.

– Nada, nada de mais, apenas esquentar um pouco as coisas – respondeu o moço com estrondosa gargalhada. Virando as costas, saiu do ambiente seguido de seus companheiros.

Angela sentiu a diferença vibratória com a aproximação dos amigos infelizes. Curiosa, observou à sua volta e identificou as figuras sinistras; prontamente, convidou os jovens a acompanhá-la para uma caminhada pelo jardim.

Eles desceram a pequena escada e se afastaram alguns metros. Nesse instante, ouvimos uma explosão e admirados percebemos altas labaredas que se formavam no interior da casa.

Angela e os três jovens, assustados, correram para o admirável jardim, no mesmo momento em que uma segunda explosão atirou longe os móveis da varanda. Uma pequena mesa de madeira atingiu a cabeça de Caio, que, atordoado, cambaleou e desmaiou.

Angela ajoelhou ao lado do filho e passou a examinar o ferimento que sangrava abundantemente. Logo depois, limpou o local e improvisou um imobilizador de pescoço com revistas e um pedaço de pano. Olhou para Carol e pediu que ela fosse buscar o carro que estava estacionado a poucos metros. Prontamente, a menina atendeu ao pedido da mãe. As três mulheres ergueram com cuidado o corpo do rapaz e o acomodaram no banco traseiro, com a cabeça apoiada no estofado e firmada pelas mãos de Rachel.

A cidade mais próxima ficava a apenas quinze minutos de distância. Logo o rapaz estava sob os cuidados da equipe de emergência do pequeno hospital local. O tempo passava lentamente e os médicos diziam que ele estava estável, porém ainda desacordado.

– Boa noite! A senhora é a mãe do rapaz? – perguntou um médico dirigindo-se a Angela.

– Eu mesma, doutor! Meu nome é Angela. Como está meu filho?

– A pancada na cabeça foi violenta e abriu um corte profundo que já foi suturado, mas ele sofreu uma concussão moderada com a pancada. Já está consciente, embora ainda um pouco perturbado e com cefaleia. Quem fez os primeiros socorros?

– Fui eu, sou formada em Enfermagem pela Universidade do Rio de Janeiro e trabalho em um hospital, na emergência. Mas o senhor poderia explicar melhor o estado de meu filho, por favor? – pediu Angela.

– Posso sim. Sua conduta ajudou a não agravar o estado de saúde de seu filho. A concussão pode ser classificada em leve, moderada ou severa, e isso depende do tempo em que o paciente permaneceu desacordado, sendo que os períodos prolongados de inconsciência, acima de seis horas de duração, serão entendidos como coma pós-traumatismo da cabeça. Pelos exames feitos até o momento acreditamos que Caio está com um edema cerebral.

– Oh! Meu Deus! Qual é a gravidade do caso dele? – perguntou Angela em aflição.

– O edema cerebral é o acúmulo de líquido dentro e fora das células do cérebro, no caso de seu filho ele é parcial, pois apenas uma área restrita foi atingida e, com certeza, o edema foi causado pelo trauma sofrido. Esse edema é chamado de vasogênico, e é o mais comum depois de um trauma, causando extravasamento de água, eletrólitos e proteínas, que se acumulam no espaço extracelular da substância branca. Já foi avaliado o estado de consciência, a severidade do trauma foi identificada como moderada e estamos prevenindo e corigindo a hipóxia e a hipotensão com aplicação de alguns medicamentos. Nós vamos mantê-lo sob observação por um tempo para garantir que não haja complicações – falou o médico.

– Ele está sendo medicado nesse momento? – perguntou Angela.

– Está apenas com oxigênio para manter a consciência. Por favor, fiquem na sala de espera e assim que tivermos algo mais a relatar eu prometo avisá-la – respondeu o médico.

– Doutor, ele corre perigo? – perguntou Carol.

– De imediato não, mas precisamos observar, para que o inchaço do cérebro no local da pancada não se agrave. Agora preciso voltar à sala de emergência, com licença – pediu o médico.

Após sua saída, Rachel comentou:

– Tenho certeza de que Caio ficará bem, mas até agora não consigo entender o que aconteceu.

– Realmente, foi muito esquisito. Preciso telefonar para o sr. João e pedir que vá até a chácara para ver o que aconteceu. Saímos de lá às pressas e nem sabemos se a casa está queimada – comentou Angela.

– O importante é que nada de mais grave aconteceu – comentou Carol.

Angela, pegando o celular, ligou para João, que a ajudava a cuidar da chácara e morava nas redondezas.

— Sr. João, é Angela.

— Nossa Senhora Aparecida! Graças a Deus a senhora está bem! E os meninos? – perguntou o senhor demonstrando preocupação.

— Estão bem, apenas Caio sofreu uma pancada na cabeça, mas já está sendo tratado. Como o senhor soube? – questionou Angela.

— O barulho foi muito forte e corri para sua casa. Estou aqui com os bombeiros. Fiquei apavorado, pois pensei que vocês estivessem dentro da casa quando aconteceu a explosão – falou o senhor com alívio.

— Já sabem o que houve? – perguntou Angela.

— Ainda não, mas o tenente Ambrósio falou que pode ser problema na canalização do gás.

— E como está a casa? – perguntou Angela.

— Toda queimada. Acho que a senhora não vai aproveitar nada. A explosão destruiu os banheiros e a cozinha. A gaiola que cerca os botijões foi parar na casa do sr. Adelson – relatou o homem.

— Graças a Deus estamos bem e não aconteceu mais nenhum acidente. Obrigada pela ajuda, sr. João. Quando puder, volto aí – respondeu Angela.

— Não se preocupe com nada, eu vou fazendo o que der, agora cuide do menino Caio. Isso é o mais importante. E ninguém mais se feriu, a senhora pode ficar sossegada – aconselhou o grato amigo da família.

Durante a conversa de Angela e João observamos a mesma entidade que havíamos visto na hora da explosão. Ineque resolveu se aproximar e conversar com o estranho jovem.

– Boa noite, nós podemos auxiliá-lo? – perguntou solícito.

– Não precisamos e não queremos a ajuda de ninguém. Aquele lá sabe muito bem quem sou eu – falou de maneira áspera apontando para Fábio.

– E como vai o amigo, sente-se melhor hoje? – perguntou Fábio se aproximando com serenidade.

– Você deve saber muito bem como estou me sentindo; afinal, fui traído duas vezes pelo mesmo desgraçado – redarguiu com acidez.

– Você já deveria ter percebido que a maneira como vê os últimos acontecimentos está bastante equivocada. Muito tempo se passou desde os conflitos que acabaram por nos separar. Eu já não sou mais o espírito de que o irmão se lembra. Aprendi a ser fiel aos bons princípios morais que acabaram por me transformar em um ser mais caridoso e paciente, o que não conseguia entender quando vivenciamos tanta insensatez juntos. O que posso hoje é pedir seu perdão e oferecer-me para auxiliá-lo a descobrir que também pode sentir-se livre de amarras tão tristes e ser feliz com o amanhã – falou Fábio bastante emocionado.

– Não admito que me insulte com palavras falsas, eu o conheço como ninguém, você e aquele outro que pretende vir ao mundo sob sua tutela. Se conseguir concluir seu propósito, mesmo assim me sentirei vingado; nascerá bastardo, sem pai. E, acredite, levarei seu filho para o mais profundo abismo, para que ele não possa dar seu nome ao meu inimigo. Você viu do que somos capazes – olhou com muito ódio para nós e foi embora, seguido de seu séquito doente.

Fábio os olhou com carinho e disse emocionado:

– Deus, que é amor e bondade, permitiu que eu pudesse viver este momento de reajuste moral perante um passado delituoso. Agradeço-Lhe por me permitir ter meus amigos ao meu lado. Convido-os à prece que nosso Mestre Jesus legou à humanidade como herança de amor.

Após a amável prece, o pequeno grupo se deslocou para a Casa Espírita, momento em que Fábio iria esclarecer algumas dúvidas sobre as razões de tanto ódio do amigo infeliz.

❦ ❦ ❦

Estávamos ao lado de Sandra em adorável momento de psicografia, produzindo mais uma obra literária e narrando nossas experiências no mundo invisível. Após a realização do trabalho combinado, permaneci ao lado de nossa amiga encarnada e pedi que prestasse atenção à nossa sugestão em pequeno texto psicográfico, passando a dividir meus pensamentos com muito carinho.

❧ ❧ ❧

"Querida amiga, em muitas ocasiões de nossa vida precisamos ser mais atentos ao que ocorre à nossa volta. Os olhos, acostumados com as situações do dia a dia, com a aparência familiar, com sentimentos que se originam de ideias preconcebidas, roubam-nos a lucidez e a perspicácia naturais, que despertos nos alertariam para determinados problemas ou dúvidas que necessitam de nossa atenção. Em poucos dias nossa querida família espiritual vai se reunir em agradável momento, quando as famílias atendidas receberão a bondade do Pai, por meio das mãos de seus trabalhadores amorosos e caridosos. Observe e procure auxiliar onde perceber fragilidades latentes. Não acostume seus olhos à meia-luz, mas procure enxergar além do óbvio e por meio de uma visão clara e real. Converse com o grupo de atendentes; o trabalho conjunto de amor aos necessitados sempre é o caminho para despertar a nossa origem divina. Deus a abençoe nessa caminhada de amor e paz. Vinícius."

A médium terminou a pequena mensagem e refletiu: "Teremos alguns feriados e nos reuniremos para discutir problemas da casa; será esse o momento oportuno para ler esta mensagem? Preciso preparar-me para estar atenta. O que será que está acontecendo?".

Sandra chamou Sheila para conversarem sobre o assunto.

– O que você acredita que seja? – perguntou Sheila.

– Sinceramente, eu ainda não consegui pensar em nada. E você? Quando leu a mensagem teve alguma intuição? – questionou Sandra.

– Pensei em Bia, mandamos um convite para eles virem à reunião do sábado. E ontem pensei muito nela. Cada vez que a mentalizo sinto angústia – redarguiu Sheila.

– Então, precisamos prestar atenção nela e em sua família – comentou Sandra.

– Bom, na dúvida, prestemos atenção em todos os amigos atendidos pela assistência social – refletiu Sheila.

Deixei as amigas pensando sobre o futuro encontro e fui encontrar-me com o restante do grupo na Casa Espírita Caminheiros de Jesus, ainda nossa referência no mundo espiritual, apesar de estarmos trabalhando com uma comunidade da cidade do Rio de Janeiro.

CAPÍTULO 6

– ASPECTOS DOUTRINÁRIOS –

58. A natureza íntima do Espírito propriamente dito, isto é, do ser pensante, é-nos inteiramente desconhecida; não se revela a nós senão pelos seus atos, e seus atos não podem atingir nossos sentidos materiais, senão por um intermediário material. O Espírito, portanto, tem necessidade de matéria para atuar sobre a matéria. Ele tem como instrumento direto seu perispírito, como o homem tem seu corpo; ora, seu perispírito é matéria, assim como acabamos de ver. Em seguida, ele tem por agente intermediário o fluido universal, espécie de veículo sobre o qual ele atua, como nós agimos sobre o ar para produzir alguns efeitos com a ajuda da dilatação, da compressão, da propulsão ou das vibrações.[9]

---

9 KARDEC, Allan. *O Livro dos Médiuns*. Segunda Parte – "Das Manifestações Espíritas", capítulo 1 – "Ação dos Espíritos sobre a Matéria" (N.M.).

Acomodados em agradável sala de estudos de nossa adorável Casa Espírita, passamos a trocar impressões sobre o que havíamos presenciado na casa de veraneio de Angela.

– Tive a impressão de que o espírito ali presente, em terrível desordem moral, mudou a coloração e o brilho de seu perispírito, segundos antes da explosão – afirmou Maurício.

– Consegui perceber o mesmo fenômeno, o qual ocorreu por um tempo ínfimo, mas suficiente para causar a mudança de estado da matéria – comentei.

– Sabemos que nossa mente possui a capacidade de modificar o fluido cósmico universal no qual estamos envolvidos. Pelas notícias que o sr. João passou a Angela existia uma falha mecânica na condução do combustível armazenado nos botijões, e com certeza esse fato foi percebido pelo astuto irmão em busca de vingança – comentou Ineque.

– O fogo é uma reação química de oxidação que libera luz e calor e é denominada combustão. Para que aconteça esse fenômeno, precisamos da presença de quatro elementos essenciais: o combustível, o comburente, o calor e a reação que acaba por se processar em cadeia. O gás liberado pela falha mecânica do equipamento se transformou em combustível; o comburente foi o oxigênio; a fonte de calor foi colhida da transformação da vibração perispiritual do irmão que observamos; a união destes três fatores gerou a reação química normal no mundo material – explicou Fábio.

– Mas como esse espírito conseguiu a transformação do estado energético de seu próprio perispírito? – perguntei curioso.

– Ernesto Bozzano, em seu livro *A morte e os seus mistérios,* tem uma excelente teoria que pode nos ajudar a entender esse fenômeno. Ele faz a seguinte referência: "Ora, se se põe de lado a lenda teológica das almas que ardem nas chamas do Purgatório ou do Inferno, só resta uma hipótese rigorosamente possível: considerar os fatos, e da qual já falei, isto é, a hipótese 'vibratória', que em mais maravilhosa revelação científica, graças à qual assistimos, espantados, aos milagres do 'rádio' e da 'televisão'. Se se pensa que o que chamamos 'calor' e 'frio' constitui um fenômeno único, que difere enormemente para os nossos sentidos, em consequência da intensidade maior ou menor com que se produz, mister se faz deduzir daí que, se a tonalidade vibratória dos fluidos, de que se revestem os espíritos dos mortos para se tornarem visíveis e tangíveis, fosse consideravelmente mais intensa do que a inerente à substância viva ou aos tecidos vegetais, deverá inevitavelmente seguir-se que as vibrações muito intensas da substância espiritual, encontrando-se com as relativamente fracas dos tecidos vivos e vegetais, devam destruir estes últimos como o faria o fogo, o que determinaria os fenômenos das 'impressões de mãos de fogo'" – citou Fábio.

– Então seria a capacidade em conhecer e manipular a sua própria carga vibracional? Ou seja, quanto mais rápida e intensa a vibração, mais irradiante ela se torna, a ponto de produzir calor suficiente e transformar-se em fonte de calor? – perguntei admirado.

– Exatamente, Vinícius. Desde a Pré-história, o homem descobriu que podia imitar a natureza batendo sistematicamente duas pedras ou esfregando dois pedaços de madeira. No mundo espiritual essa descoberta acontece por meio de experimentações determinadas por nossas necessidades. Alguns são impulsionados pela necessidade de adquirir mais conhecimento para auxiliar o entendimento do mundo em que vivem e a si mesmos; outros, ainda equivocados em suas necessidades, procuram o conhecimento para atingir objetivos menos nobres – completou Ineque.

– Esse foi o caso que procuramos relatar na história contada no livro *Comunidade educacional das trevas*[10].

---

10 MACARINI, Eliane. *Comunidade educacional das trevas*. São Paulo: Lúmen Editorial.

Eram espíritos ainda presos a um passado doentio, que acabaram se encontrando e se unindo para construir uma comunidade que tinha por meta educar outros nas artes da Ciência, mas com direcionamento no uso desequilibrado – comentei, citando a experiência que vivenciamos juntos.

– Tenho observado, em comunidades espíritas, muitos frequentadores debatendo sobre a importância dos três aspectos doutrinários; uns defendem a parte moral como a mais importante, outros a filosófica, e outros ainda não veem senão a Ciência como forma de evolução, e, assim, acabam se confundindo com suas crenças, perdendo tempo em intermináveis e infrutíferas discussões. Se temos amigos que veem apenas um desses aspectos, eles necessitam do complemento do outro, e, na falta de um deles, o processo de evolução do princípio inteligente, ou seja, do espírito, acaba prejudicado. Existe aí um desequilíbrio e não raras vezes ele é sutil, principalmente quando nos atemos a uma única forma de pensamento – falei com emoção.

– A Ciência pode nos esclarecer sobre o movimento contínuo dos fluidos cósmicos na formação dos vários aspectos dos mundos existentes, o que nos faculta melhor entendimento de quem somos e de como devemos utilizar esses recursos; a filosofia nos faculta a capacidade de discutir, trocar ideias de como devemos direcionar nossos esforços em benefício pessoal e comunitário; enquanto a moral, recurso indispensável e também filosófico de nossa ligação com tudo o que podemos vivenciar e descobrir, direciona nossa mente para a perfeição relativa de cada momento – refletiu Ineque.

– Lembremo-nos do caso que acabamos de observar, em que o espírito usou o conhecimento de modificar a frequência vibratória para propósitos que determinou certos para si mesmo. Esse ato está atrelado a uma escolha pessoal, por meio do uso do livre-arbítrio e de seu princípio inteligente. Contudo, isso não torna o conhecimento ruim, mas sim a maneira como ele foi usado – comentei.

– E tudo o que discutimos neste momento são oportunidades de aprendizado; porém, e em muitas ocasiões, acabamos por não reconhecê-las, por medo, preguiça ou dúvidas que não nos esforçamos para esclarecer – falou Maurício.

– Voltando à outra história que vivenciamos, a das Amazonas da Noite, percebo que conhecer o que nos direciona na vida faz grande diferença em nossas escolhas; no meu caso, precisei de séculos para estar preparada a vivenciar essa outra visão de vida – obtemperou Ana.

– Você sentiu a aproximação da oportunidade e se preparou para viver essa história, mas também se tornou lúcida sobre as implicações do que iria enfrentar. E hoje está mais equilibrada, não é mesmo? – inquiriu Maurício.

– Mas ainda me questiono sobre o quanto mais tenho a redescobrir em meu passado. E, quando esse novo momento se aproximar, será que saberei reconhecê-lo? – disse Ana introspectiva.

– Essa é a beleza da vida, não é mesmo? Cada dia, uma nova e gloriosa aventura – completou Fábio sorrindo.

– Esse é o momento noturno de descanso de Sandra. Será que poderíamos pedir auxílio a Inácio para ajudá-la? – questionei, lembrando-me da companheira.

– Podemos falar com Inácio, se ele estiver com disponibilidade de tempo. Será interessante – concordou Ineque.

Após rápida conversa com nosso amigo Inácio, dirigimo-nos para a residência de Sandra na intenção de auxiliá-la a se preparar para os momentos futuros, que não seriam nada fáceis.

A amiga já estava deitada em sua cama. O silêncio da casa auxiliava nossos propósitos; mas as preocupações com os problemas que estava enfrentando mantinham-na acordada. Com carinho, aproximei-me e a chamei com suavidade. Ela virou o rosto e sorriu.

– Não pense em nada neste momento, apenas adormeça, está bem? Confie em mim – pedi com carinho.

– Eu confio – ela respondeu sorrindo, e fechou os olhos.

Essa era uma característica de nossa companheira: desligar-se com facilidade da matéria. Logo estava ao nosso lado, em pequena sala de atendimento, no plano espiritual.

– Como está? Percebo certa dificuldade de concentração durante os trabalhos espíritas – falou Inácio.

– Também tenho percebido isso. Tenho olhado para nosso amigo Rubens e sinto muita emoção. Sei que está doente, mas não consigo reconhecer os pontos fragilizados como antes – respondeu Sandra.

– Você sabe que nem tudo nos é dado o direito de saber, não é mesmo?

– Sei sim, Inácio. Assim como sei que nesses momentos virão as provas ou expiações mais difíceis. E acabo deduzindo que nosso amigo terá momentos bastante dolorosos para vivenciar – falou Sandra.

– Você está se esquecendo de que nenhum de nós vive esses momentos à revelia de nossa vontade; todos temos um planejamento encarnatório bem delineado – disse Inácio.

– Ah! Sei de tudo isso e procuro racionalizar os meus pensamentos, mas os meus sentimentos são bem teimosos. E a falta de definição de minha mediunidade nesse caso está me deixando insegura. Tenho essa família, o Rubens, a esposa e o filho, como meus próprios filhos, e, ultimamente, não consigo me furtar ao sentimento de perda e de impotência – queixou-se Sandra.

– Sabemos do carinho espontâneo que existe nessa relação, que é mútuo, e, se assim o é, você deve se lembrar de que aceitou participar de maneira ativa da vida desses amigos. Então... – Inácio fez uma pausa proposital esperando que Sandra completasse sua frase interrompida.

– ... também devo estar preparada para viver esse pedacinho – completou de olhos baixos.

– Pedacinho não, minha amiga, essa oportunidade. Apenas continue a auxiliá-los da melhor maneira possível, com paciência, carinho e constância. Está bem?

– Recebi uma psicografia de Vinícius e estou lendo e relendo, mas não consigo entender o que me pede ou sobre o que me alerta – contou Sandra olhando para mim.

– Vinícius, se puder esclarecê-la sobre o assunto, fique à vontade – pediu Inácio.

Aproximei-me da querida amiga e, pegando sua mão entre as minhas, beijei-a com respeito e disse emocionado:

– Sei o quanto têm sido difíceis para você os últimos tempos. Muitos problemas pessoais de saúde, muitas aflições familiares, que acabam dependendo de sua força para serem solucionadas, cobranças como dirigente da Casa Espírita, e pouco tempo para si mesma, o que também acabam cobrando de você. Sabemos que os momentos futuros serão bastante difíceis e exigirão de você o que ainda está aprendendo com nossa amorosa Doutrina Espírita – comentei emocionado.

– Não se preocupe, amigo, sei que estou meio fragilizada, mas também me fortaleço com a esperança de dias vindouros, só preciso deixar de lado o imediatismo. E, quanto à psicografia, você pode esclarecer-me algo ou pelo menos me ajudar a entender o que é tão importante conseguirmos enxergar? – perguntou Sandra.

– Você sabe que não podemos lhe dar todas as respostas. Apenas fique mais atenta às pessoas de seu convívio. Se for do gosto de nosso Pai, você poderá fazer algo além da superfície do momento, mas lembre-se de que o que passamos aos nossos tutelados são apenas pequenos exercícios de observação. Fique certa de que não conseguimos mudar o caminhar do outro; apenas apoiá-lo em suas vivências – salientei com carinho.

– Isso, às vezes, confunde-me. Ainda não consegui ver a diferença em ser apenas apoio ou querer ser a solução – contemporizou Sandra sorrindo.

– Ah! Mas isso já é um começo; da descoberta de nossa prepotência à perfeição do exercício é apenas questão de esforço pessoal – redargui sorrindo.

– Como é bom estar por aqui por um tempo, pena que só lembramos uma parte do que aprendemos – lamentou Sandra.

– E esse é um presente do Pai aos Seus filhos: ter a sensação da nossa real natureza. Agora você precisa voltar.

– Eu sei, mas dá uma vontade de ser teimosa e ficar mais um pouco.

– Teimosa, minha filha, logo você? – questionou Inácio, rindo com gosto.

– Mas ainda transformo isso em persistência, vocês verão.

– Tenho certeza, porém é preciso exercitar um pouco mais; afinal, a teimosia ainda faz parte do lado vaidoso. Isso, eu posso afirmar com certeza – comentei com bom humor.

– Obrigada pela ajuda, vou me esforçar um pouco mais.

Após a volta de nossa amiga ao seu corpo material, eu e Inácio continuamos agradável conversa. Quando vimos que o dia clareava, dirigimo-nos ao posto de socorro da Casa Espírita Caminheiros de Jesus para as preces matinais.

CAPÍTULO 7

– VIDA: PROCESSO EM EVOLUÇÃO –

334. A união do Espírito com determinado corpo é predestinada? Ou, pelo contrário, a escolha se dá no último momento?

O Espírito é designado com antecedência. Ao escolher a prova que deseja sofrer, o Espírito pede para encarnar, sempre dependendo essa escolha e esse desejo do seu grau de elevação. Deus, que tudo sabe e tudo vê, sabe e vê por antecipação que tal Espírito se unirá a tal corpo.[11]

Fábio avisou-nos de que Caio estava bem e pronto para receber alta médica e retornar para casa. Resolvemos

---

11 KARDEC, Allan. *O Livro dos Espíritos*. Livro II – "Do Mundo Espírita ou Mundo dos Espíritos", capítulo VII – "Retorno à Vida Corporal", item 1 – "Prelúdio da Volta" (N.M.).

acompanhá-lo, pois observamos o infeliz perseguidor em intensa movimentação, com o intuito de dar continuidade aos seus planos de vingança.

– Nós já temos informações a respeito dessa entidade? – perguntou Ana.

– Algumas sim. Fábio conseguiu ligá-lo a uma comunidade umbralina que se especializou em projetos reencarnacionistas – informou Ineque.

– Projetos reencarnacionistas? Como pode? – perguntei, demonstrando genuína admiração pela informação recebida.

– Isso mesmo, caro amigo. Alguns irmãos, ainda em conflito moral grave, acreditam ter o direito de proceder, à revelia do Pai, e acabam adotando algumas atitudes bastante dolorosas. Essa comunidade pensa ter o direito de empreender projetos reencarnacionistas e colocá-los em execução – explicou Ineque.

– Mas eles conseguem concluir seus projetos? – indaguei admirado.

– Sim. Com a aquiescência do Senhor da Vida, esse proceder pertence aos escândalos necessários, mas não exime seu autor– respondeu Ineque.

– E como funciona esse trabalho nas comunidades abismais? – perguntei ao amigo.

– Pelo que pude entender de explicações de companheiros que trabalham com essas equivocadas comunidades, eles agem semelhantemente ao roteiro estabelecido por Espíritos Melhores que assistem a humanidade. Lembremos sempre que o instrumento não possui qualidade própria, sendo esta definida por seus usuários – falou Ineque.

– Teremos oportunidade de conhecer alguma dessas comunidades? – perguntou Maurício.

– Teremos, pois o espírito que persegue a família de Fábio desfruta de alto cargo na colônia Origem de Fogo.

– Ineque, eles realmente planejam reencarnações diretamente dos abismos de dor? – questionou Maurício.

– Isso mesmo, meu jovem. Mas posso lhes dizer que nada no mundo acontece se não tiver uma boa razão evolucionista; apesar de acreditarem no domínio que exercem nesses processos, o verdadeiro planejamento está a cargo de Espíritos Melhores – acrescentou.

– Precisamos ir ao encontro de Fábio no hospital. Rachel ainda está com eles? – perguntou Maurício.

– Não, ontem Carol ligou para Rogério e ele foi buscá-las para que pudessem descansar, mas o rapaz voltou e fez companhia a Angela durante a noite, pois Caio não chegou a ser transferido para o quarto; ficou na emergência – completou Ineque.

Deslocamo-nos para o hospital e logo à entrada observamos intensa movimentação dos amigos de Cipriano, nome escolhido pela entidade que perseguia a família de Fábio. A psicosfera do local já adquiria qualidades vibracionais semelhantes à do agrupamento desencarnado que invadia aquele edifício. Percebemos que os funcionários da casa demonstravam grande irritação uns com os outros. Os semblantes demonstravam amargura, e a qualidade dos pensamentos deixava muito a desejar, principalmente pelo trabalho que ali deveria ser realizado: socorro aos que sofrem dores físicas e, por consequência direta, dores morais.

Aproximei-me de Cipriano e indaguei com carinho:

– O que pretende o amigo com toda essa movimentação?

Ele olhou-me com altivez e cinismo e comentou com desfaçatez:

– Não lhe interessam as minhas razões. Você não tem o direito de interpelar-me e exigir respostas que não quero dar.

– Não exijo nada de você, meu irmão, apenas o questionei, tentando entender sua ação, seu esforço em prejudicar um jovem que tem demonstrado admirável avanço moral.

– E você acredita que isso é motivo para não usá-lo a fim de alcançar meus objetivos? – inquiriu rindo e com escárnio.

– Talvez, se pensar um pouco, consiga enxergar lógica na maneira como falo com você – redargui com calma.

Ele olhou-me e disse entredentes:

– Acredita mesmo que esse papo de bom sujeito fará diferença em meus propósitos?

– Não, realmente eu não acredito que minha fala vai fazê-lo mudar de ideia; apenas a reflexão pessoal do amigo sobre suas ações, seus direitos e deveres vão fazê-lo entender as verdades inquestionáveis do amor – respondi com carinho.

Cipriano olhou-me e, sorrindo, ainda com escárnio, perguntou-me:

– Sabe o que significa meu nome?

– Não sei qual a associação mental que o amigo fez com a palavra, mas poderá dizer-me que eu o ouvirei.

– Não perderei meu tempo, apenas agirei de acordo com a minha vontade.

Dizendo isso, olhou para um grupo de jovens paramentados como monges e mentalmente os instruiu à ação no momento em que Angela, Rogério e Caio saíam do hospital em direção ao carro estacionado do outro lado da rua. Eles se posicionaram em semicírculo, afastando o capuz da pesada veste, ergueram o pescoço e jogaram freneticamente a cabeça para trás, levando os braços para a frente do corpo, que passou a balançar sob o som de vozes ritmadas e guturais, emitindo estranho mantra e formando, em volta dos três, densa energia que se movimentava, semelhante a um enorme réptil.

Caio colocou ambas as mãos nos ouvidos, enquanto Angela e Rogério, admirados, perceberam a densa energia que se formava ao redor deles. Imediatamente, colocamo-nos no centro do semicírculo e passamos a auxiliar os amigos, somando a eles nossos esforços. A densa energia foi perdendo o intenso colorido avermelhado, pontilhado por dardos negros que atingiam os indefesos do momento. Pareceu-me que a rotação intensa foi invertida e passou a girar com mansidão e transfigurar-se nas mais belas pétalas prateadas que vira em minha vida.

Angela nos observou e agradeceu com discreto gesto da cabeça. Olhou para Fábio com carinho e mentalizou doce promessa de amor, no que foi correspondida de imediato e com a mesma intensa emoção.

Rogério, preocupado com a expressão de dor que Caio demonstrava, colocou-se diante do rapaz e perguntou:

– Caio, está tudo bem?

– Está sim, senti intensa pontada de dor na cabeça, mas foi coisa de segundos, ouso dizer que não passou de uma sensação absorvida no momento – respondeu reconfortado. – Vamos para casa? Não vejo a hora de tomar um bom banho.

Olhei para Cipriano e falei:

— Tudo em nossa vida de imperfeição relativa possui verdades que se contradizem, assim como a origem que o amigo escolheu para nomear-se, mas depende apenas de nós escolhermos a melhor versão, sempre. Que Deus o abençoe.

Saímos do perímetro hospitalar e fomos visitar a casa de Rachel.

Quando chegamos lá, notamos a qualidade da energia, que, impregnada de miasmas, dava ao ambiente aspecto sombrio e fétido. César estava alcoolizado e bastante agressivo com a esposa e a filha.

— Olha essa vagabunda aí. Você não percebe que ela não vale nada? A barriga já está crescendo e ninguém vê? O miserável já se aventura para dentro desta casa; eu vou matá-la — gritava sem cessar e ameaçava agredir a menina, que, apavorada, não entendia como o pai soubera de sua gravidez.

— Para, César! Você está muito nervoso e falando bobagem. Você não percebe que bebeu demais? — implorava Inês ao marido desvairado.

Notamos que uma estranha figura feminina estava muito próxima do campo vibratório de César, conseguindo sintonia quase perfeita com sua mente em desalinho; ela repetia, insistentemente, as mesmas ideias, e conseguia comunicação hipnótica com o infeliz.

Aproximei-me deles e, com carinho, passei a auxiliar num processo de quebra do padrão mental em que César havia se envolvido. Carinhosamente, auxiliado por Maurício, que se dedicava à estranha mulher, conseguimos romper a comunicação doentia.

A mulher, furiosa, avançou sobre nós. Com serenidade, a acalmamos. Enquanto isso, César, confuso e trêmulo, olhava à sua volta sem entender o que estava acontecendo. Aproximei-me do irmão e, aproveitando o estado de confusão mental, o intuí a se deitar no sofá, auxiliando-o a um desdobramento parcial. Inácio o aguardava e o encaminhou à nossa sala de atendimento psicológico, porém César, desarvorado, rejeitou o socorro e juntou-se a um grupo de espíritos com terríveis deformações físicas.

– Infelizmente, nada podemos fazer neste momento. O infeliz irmão não consegue nem ao menos enxergar o socorro que chega até ele; mas podemos tentar auxiliar a entidade que o estava vampirizando – falou Inácio.

Voltamos à residência de Rachel e encontramos Maurício conversando com a estranha senhora.

– Não quero afrontá-la com minhas ideias, apenas ajudá-la com seus ferimentos – afirmou Maurício.

– Bem sei o caminho de tal ajuda; vocês me ajudam e depois vão exigir que me associe ao seu grupo. Não percebe, menino, que não tenho direito ao descanso? Olhe meu ventre... – falou a senhora.

– Vejo tantos irmãos presos ao seu ventre, como ainda em processo de gestação. Eles sofrem e necessitam de auxílio para modificar esse estado mental, assim como a senhora. Como é seu nome? – perguntou Maurício.

– Soraia, a cigana que domina a arte do parto e do aborto. Fui amaldiçoada por meu povo e tenho de carregar em meu ventre a alma de todos os que ajudei a assassinar. Não tenho esperanças, a eternidade será de dor e ódio para mim – respondeu a triste figura.

– A sua consciência cobra os delitos praticados e você aceita. Utiliza a ideia como instrumento de punição. A única maneira de se redimir de seus enganos é por meio do auxílio que poderá oferecer a esses espíritos presos a um passado infeliz – ponderou Maurício.

– E como farei isso? Eu não sei mais nada.

– Cada um desses espíritos presos ao seu corpo precisa ser libertado, para que consiga a cura correta, que é acordar para a verdadeira vida. Deixe-nos auxiliá-la e os estará ajudando também.

– E como faço isso? – perguntou Soraia.

– Apenas aceite a ajuda oferecida; estenda suas mãos em direção ao futuro. Liberte-se do passado e aceite um novo recomeço – explicou o jovem amigo.

Soraia olhou para Maurício e em seus olhos vimos transparecer a dor que a consumia. Enfraquecida, deixou-se amparar por braços amigos e rogou:

– Você prometeu me acompanhar, não me abandone, não suporto mais viver assim.

Maurício a abraçou com carinho e, beijando suavemente sua testa, falou:

– Estarei com você até que adormeça e descanse em paz.

Ficamos por ali ainda algum tempo, observando a movimentação da casa. César continuou adormecido no sofá, inquieto; falava palavras desconexas e roncava muito alto.

Inês recolheu-se ao quarto, mas as palavras do marido não saíam de sua cabeça. Pensava aflita: "Será que essa menina aprontou alguma? Ela engordou mesmo, até já chamei sua atenção; só falta isso para desgraçar minha vida de vez".

Rachel foi sentar-se no alpendre da casa, ansiosa pela volta do irmão, que estava na faculdade. Chorava baixinho, amedrontada com os últimos acontecimentos. Pensava aflita na reação do pai. O que teria acontecido para ele falar daquela maneira? Afinal, ninguém sabia de sua gravidez, apenas a família de sua amiga Carol e seu irmão. Então, lembrou-se de um comentário de Angela sobre a vida espiritual e como havia influência entre um mundo e outro. Assustada, comentou em voz alta:

— Será possível que algum espírito maldoso está dizendo ao meu pai sobre meu nenê?

Nesse instante, Cipriano conseguiu penetrar no campo mental de Rachel e ela o viu à sua frente; admirada, observou-o atentamente, sem medo, apenas curiosa com a aparição.

— Quem é você? Um espírito mau que deseja nos fazer sofrer?

Cipriano sorriu e aproximou-se, dizendo entredentes:

— Você me verá muitas vezes, serei o seu pior pesadelo.

— Não será. Não sei por que, mas não tenho medo do senhor, apenas sei que tentará nos fazer mal, mas acredito que Deus é bom demais e não deixará que isso aconteça.

Nesse instante, Rogério chegou a casa e percebeu que Rachel estava conversando com o mesmo espírito que já havia visto rondando a propriedade.

— Posso ajudar, Rachel? — perguntou o moço aproximando-se.

— Pode sim; acho que devemos orar por este senhor, não é?

— Isso mesmo, minha irmã, devemos orar por aqueles que sofrem.

Cipriano, enraivecido, tentou atirar-se contra os irmãos, porém a mente elevada em bons propósitos criou em volta deles uma doce energia, que os protegeu do ataque.

Cipriano olhou para nós e disse com raiva:

– Isso é apenas o começo.

Apenas abaixamos a cabeça, mantendo a mente livre de pensamentos ruins e sempre orando com amor e sinceridade. Alguns minutos depois, Maurício nos questionou:

– Esse espírito que está no ventre de Rachel tem consciência do planejamento encarnatório?

– Ele goza de liberdade relativa para suas escolhas, é um espírito que teve seu planejamento semivoluntário. Assim como eu, ele tem aproveitado algumas oportunidades para aprender e modificar antigos comportamentos viciosos – respondeu Fábio que acabava de se juntar a nosso grupo.

– O planejamento encarnatório semivoluntário está baseado nas condições que o espírito tem de entender seus débitos e seus méritos. Ele passa a opinar na programação, sempre assistido por mentores, e os acontecimentos principais de cada experiência na carne têm por objetivo maior a liquidação ou a minoração dos débitos, além do constante processo evolutivo por meio da educação intelectual, ética e moral – completei com carinho.

– Que maravilha é a vida quando entendida dessa forma: um constante processo de evolução em busca da perfeição. Acredito que essa seja uma excelente ocasião para orarmos e agradecermos ao Pai essa bênção – finalizou Inácio.

CAPÍTULO 8

– ESCOLHA INSENSATA –

358. O aborto provocado é crime, em qualquer período da gestação?
Há crime sempre que se transgride a Lei de Deus. A mãe, ou quem quer que seja, cometerá crime se tirar a vida do nascituro, porque com isso impede um Espírito de passar pelas provas mediante o uso do corpo que se estava formando e ao qual ele estava ligado desde o primeiro instante da concepção.[12]

Era meio-dia e Sheila preparava a reunião daquela tarde na Casa Espírita. Bateram à porta e ela foi atender. Feliz, descobriu que era Bia com o companheiro e a filha.

---
12 KARDEC, Allan. *O Livro dos Espíritos*. Livro II – "Do Mundo Espírita ou Mundo dos Espíritos", capítulo VII – "Retorno à Vida Corporal", item II, – "União da Alma e do Corpo. Aborto" (N.M.).

– Nossa! Que alegria! Faz tempo que não os vejo!

– Resolvemos aproveitar o domingo e fazer um passeio em Ribeirão Preto. Não poderia deixar de vir aqui, não é? – falou Bia abraçando Sheila.

– Entrem e me contem as novidades. Você me parece melhor, mais corada e mais gordinha – comentou Sheila sorrindo.

– Estamos bem mesmo! Ganhando melhor, a alimentação também melhorou; estamos conseguindo até comprar algumas coisas para a casa – falou Bia.

– E Carla, está bem? – perguntou Sheila.

– Está bem, mas, para que eu e o Cláudio possamos trabalhar, ela fica na escolinha o dia todo. Contudo, eu é que mando o almoço e o jantar, e à noite nós procuramos curti-la ao máximo – falou Bia.

– Sei que é necessário trabalhar, Bia, mas não perca a noção de prioridade novamente; ela depende de vocês para tudo, e é muito pequena ainda. Se você perceber que o Cláudio dá conta da maior parte dos custos, pense em trabalhar somente meio período para ficar a maior parte do dia com sua filha – aconselhou Sheila.

Nesse momento eu me aproximei de Sheila e a intuí a prestar atenção em Bia, principalmente no ventre que começava a ficar protuberante.

– Bia, você está bem? Não tem nenhuma novidade a mais para contar? Você está diferente! – insistiu Sheila.

– Nada de novidade, apenas a vida que melhorou. Não fique olhando para a minha barriga. Eu não estou grávida – falou a moça visivelmente desconfortável.

– Desculpe, não quero ser inconveniente, mas você sabe que pode conversar comigo sobre qualquer coisa – insistiu Sheila, que realmente sentia amor pela jovem.

– Mas não há nada para conversar. Cadê os outros, só você está aqui hoje? – perguntou Bia, demonstrando certa irritação.

– Estão lá no fundo. Vá até lá; eles vão ficar contentes de ver vocês.

Sheila foi ao encontro de Sandra e a alertou sobre suas dúvidas, pedindo para a amiga ficar atenta. Bia reagiu às perguntas de Sandra da mesma forma que o fez com Sheila, que insistiu por uns momentos, mas foi ignorada.

Eles ficaram lá por mais algum tempo e depois se despediram.

Sheila tentou relacionar o que havia acontecido com a mensagem recebida por Sandra, mas acreditou nas informações recebidas de Bia e acabou se envolvendo em outros assuntos.

Alguns dias se passaram e, apesar das afirmações de Bia sobre as melhores condições de vida de que desfrutavam, Sheila ficou com o pensamento voltado nela. Sentia certa angústia e melancolia quando se lembrava da moça. Estava lendo um livro quando o filho foi procurá-la. Imediatamente, ela percebeu que havia algo errado:

– O que foi? O que aconteceu?

– Mãe, foi a Bia, aquela moça atendida por vocês... ela morreu.

– O quê? Que brincadeira é essa? – perguntou Sheila, já demonstrando grande comoção.

– Eu não sei o que aconteceu. O Cláudio, marido dela, disse que a encontrou morta – falou o rapaz com grande tristeza.

– Dê-me o telefone, preciso falar com ele – pediu Sheila.

Após várias tentativas para entrar em contato com o rapaz, finalmente obteve sucesso.

– Quem está falando? – perguntou Sheila para a mulher que atendeu o celular de Cláudio.

– Aqui é Marinês, eu sou amiga de Cláudio e Bia. Quem está falando?

– Meu nome é Sheila, sou amiga deles. Você poderia me dizer o que está acontecendo, por favor?

Após uma pausa, Marinês respondeu com a voz enfraquecida pelo pranto:

– Hoje pela manhã, Cláudio foi chamá-la para trabalhar e ela não respondeu, aí ele percebeu que ela estava morta.

– Meu Deus! Mas o que aconteceu?

– Nós ainda não sabemos, o IML acabou de remover o corpo e nós estamos indo para a delegacia.

– O Cláudio está com você?

– Está sim, mas ele não tem condições de falar.

– E Carla, onde está?

– Na casa de minha irmã, não precisa se preocupar com ela, está bem cuidada, mas o Cláudio precisa muito de vocês, ele está fora de si de tanta dor.

– Estamos indo agora mesmo, obrigada por sua ajuda.

Desligando o telefone, Sheila chorou compadecida pelo ocorrido. Apoiada por seus filhos e marido, diante da urgência dos acontecimentos, controlou-se e pediu ao esposo para ajudá-la a chegar até a cidade vizinha; lembrou-se também de avisar Sandra, que, imediatamente, prontificou-se a acompanhá-los.

A viagem de apenas trinta quilômetros pareceu aos amigos um caminho muito longo. A dor sentida pela partida precoce da menina assustou a todos de maneira intensa. Aproximei-me de Sandra e consegui entrar em contato mental com a querida companheira de trabalhos espirituais.

– Obrigada por estar nos acompanhando. Você poderia dizer se o acontecimento de hoje tem alguma relação com a mensagem que recebi? – perguntou Sandra.

– Tem sim, minha amiga. A menina Bia andava meio perdida em alguns problemas pessoais – falei, apiedado da reação imediata que isso causou em Sandra.

– E eu não soube entendê-la. Ela estava grávida, não é? Foi um aborto? – perguntou a amiga.

– Foi sim, Sandra. Lembre-se de que ela possuía instrumentos de defesa como qualquer outra jovem na mesma situação. A mensagem foi apenas uma tentativa de interferir em algo que já estava definido para Bia – respondi com firmeza, temendo momentos de culpa e remorso para ela.

– Por que eu não consegui perceber isso? Ou melhor, eu sabia que ela estava grávida, apenas não dei atenção – contemporizou a querida amiga, voltando a chorar com sentimentos de compaixão.

– Você sabe que temos limites para interferir no livre-arbítrio de nossos irmãos. Mesmo que tivesse conversado com ela, possivelmente não haveria diferença em sua decisão – expliquei apiedado.

– Sei disso, mas estou muito preocupada com as consequências a serem vividas. Analisando os fatos, ela é responsável por suicídio e assassinato, não é? – questionou aflita.

– Não temos todas as respostas, você sabe disso. Definir uma situação de vida é ser inconsequente, pois cada caso será avaliado de acordo com a verdadeira intenção de quem a praticou. Sabemos que Bia era um espírito aquém das reais necessidades de evolução moral, então terá atenuantes até o momento em que definirá os verdadeiros valores da vida, aí estará se preparando para vivenciar maravilhosos momentos de reparação – falei com suavidade.

– Obrigada por seu carinho. E como ela está neste momento? – perguntou Sandra.

– Necessitando de amparo; assim que chegar à casa, procure ficar por alguns momentos, apenas você e Sheila. Ela ainda está no mesmo local onde aconteceu o desencarne. Está protegida do mundo mais ignorante, mas em desequilíbrio grave. Fortaleça sua fé e sua vontade de auxiliar, somente assim poderá ser de valia neste momento. Agora, descanse por alguns instantes sua mente, o trabalho será árduo – aconselhei com carinho.

⚜ ⚜ ⚜

Chegando à cidade, Sandra, Sheila e seu marido se dirigiram à delegacia, onde encontraram com o marido de Bia, que demonstrava estar bastante assustado e inconformado com o ocorrido. Explicou que estava tudo bem, que ela fora dormir saudável, e que não entendia o que havia acontecido.

Um oficial foi conversar com eles e informou da necessidade de comparecerem ao IML da cidade e contatar uma empresa funerária para a liberação do corpo. Foi decidido por Cláudio que o velório e o enterro seriam ali mesmo, na cidade em que moravam. Após serem tomadas as providências necessárias, dirigiram-se à casa de Bia.

Sandra e Sheila entraram na pequena e agradável residência com o coração apertado pela dor. Percorreram os cômodos e descobriram ser o sofá da sala o local de seu desencarne. A menina permanecia em posição fetal, com a cabeça entre os braços, tentando manter-se alheia aos últimos acontecimentos. Sandra e Sheila, apiedadas, permaneceram em oração, apenas esperando o momento propício para proceder ao auxílio necessário.

Após alguns minutos, algumas pessoas resolveram deslocar-se até a casa onde Carla estava. Sandra e Sheila preferiram ficar por ali, arrumando a casa, que fora remexida pelos policiais que atenderam ao chamado.

Sandra sentou-se no pequeno sofá, acompanhada de perto por Sheila, e descrevia para a amiga suas impressões como médium vidente. De repente, percebeu a presença do espírito reencarnante que se retorcia dentro do ventre da mãezinha, sob a terrível sensação de morte. Mentalmente, elas acariciaram a criatura até que se acalmasse sob a sensação do toque amoroso, entregando-o nas mãos das bondosas entidades que as auxiliavam, para em seguida começarem uma conversa mansa e amorosa com a menina.

– Venha cá, meu bem. Está tudo bem. Acorde um pouquinho e não tenha medo. Você não precisa falar, sei que está muito cansada, apenas me escute. Você está vivendo um momento muito importante, e a qualidade de tudo isso vai depender de você. Eu sei o que houve, não foi a melhor solução e você sabe qual foi a consequência. Você não está mais no mundo dos encarnados, agora precisamos resolver isso da melhor maneira. Você se lembra do livro do Maurício, *Vidas em jogo*[13], no qual ele contou as suas experiências? Você ficou bastante impressionada com o relato que ele fez, principalmente quando ele falou sobre a diferença ao aceitar o seu desencarne e viver num novo mundo. O mesmo acontece com você agora; não pertence mais ao plano material. Sei que é doloroso deixar sua filha, seu companheiro, seus amigos; mas isso precisava acontecer. Vamos orar e pedir a Deus o perdão das ofensas e a oportunidade de começar tudo de novo. Sossegue seu coração, acalme-se e siga em frente.

Enquanto Sandra conversava com Bia em voz alta, Sheila mentalizava fluidos amorosos que impregnavam o perispírito da jovem. Enquanto isso, uma equipe de ami-

---

[13] MACARINI, Eliane. *Vidas em jogo*. São Paulo: Lúmen Editorial. Autoria espiritual de Maurício, hoje trabalhador ativo na equipe de socorristas coordenada por Vinícius e Ineque (N.M.).

gos espirituais terminava de desligar os últimos pontos de ligação perispiritual com o corpo material. A princípio, Bia acatava as palavras e as emanações vibratórias com certo equilíbrio; porém, a percepção da presença de estranho irmão a descontrolou e a menina saiu correndo de sua casa em estado de pânico.

Sandra, emocionada, olhou-me e pediu mansamente:

– Olhe por ela, por favor!

Apenas acenei afirmativamente com a cabeça e busquei socorro para a criança perdida em suas emoções. Uma prece sentida tomou forma em meus pensamentos e, emocionado, partilhei-a com meus amigos:

– Pai de amor e bondade, socorra-nos neste momento de dolorosa vivência, quando observamos uma jovem mãezinha desarvorada e perdida em sua própria insensatez. Perdoe, Pai! Que a oportunidade do entendimento dos atos praticados ilumine a mente entorpecida pela dor e pela solidão. Que os bons amigos socorristas, trabalhadores de Sua seara, tenham palavras iluminadas de amor que toquem tão insensato coração. Que o espírito reencarnante, ainda em estado de perturbação, possa aceitar este momento com equilíbrio e perdão; que sua compreensão amorosa seja oportunidade de futura amizade e compromisso entre esses dois sofredores. Abençoe, Pai, este momento, permitindo às nossas queridas amigas, Sheila e Sandra, reflexão sobre tudo o que vão vivenciar; que possam ser lúcidas e amorosas nestes instantes de necessidade, como sempre sublimando a sua própria dor em benefício daqueles que ainda não conseguem controlar suas emoções.

Após sentida prece, convidei a todos para a oração do Pai-Nosso.

CAPÍTULO 9

– O FUTURO A NÓS PERTENCE –

360. É racional ter para com o feto respeito semelhante ao que se tem pelo corpo de uma criança que viveu durante algum tempo?
Vede em tudo a vontade e a obra de Deus, e assim não trateis levianamente coisas que deveis respeitar. Por que não respeitar as obras da criação, ainda que incompletas pela vontade do Criador? Tudo acontece segundo os Seus desígnios e ninguém é chamado para julgá-Lo.[14]

Acompanhei Bia, que havia saído desarvorada de sua casa. Ela corria de um lado para o outro, sempre seguida de perto pelo espírito que tinha visto em sua casa. Em determinado momento, sentiu sério cansaço e, enfraque-

---

14 KARDEC, Allan. *O Livro dos Espíritos.* Livro II – "Do Mundo Espírita ou Mundo dos Espíritos", capítulo VII – "Retorno à Vida Corporal", item II – "União da Alma e do Corpo. Aborto" (N.M.).

cida, deixou-se cair sentada na guia da calçada, chorando desesperadamente.

Aproveitei o momento e aproximei-me da menina com suavidade. Ela levantou o rosto banhado de lágrimas e olhou para mim. Sentei-me a seu lado. Peguei sua mão trêmula entre as minhas e falei:

– Descanse um pouco, depois veremos o que fazer.

Ela deitou sua cabeça em meu ombro e disse:

– O que eu fiz?

– Fez o que achou melhor para o momento, mas a vida continua e você poderá voltar a viver com mais equilíbrio.

– Eu tenho uma filha pequena. O que será dela agora?

– Não se preocupe, existem muitas pessoas boas que a amam e poderão ajudá-la quando as dificuldades aparecerem. Agora você precisa se equilibrar, não há mais retorno, minha filha.

Ela levantou a cabeça e olhou diretamente para o espírito à nossa frente, perguntando:

– Quem é ele?

– Alguém necessitado de ajuda, assim como você.

– Ele me dá medo!

– Eu sinto compaixão por sua dor! – falei, olhando diretamente em seus olhos atormentados.

Ele nos olhou com descaso e disse entredentes:

– Agora sim tenho o que quero.

Dizendo isso, saiu caminhando pela rua e recitando um estranho poema, que soava como terríveis ameaças. Emocionado, ajudei Bia a se levantar e solicitei auxílio aos amigos socorristas, encaminhando-a para agradável sala de tratamento espiritual, onde ficou na companhia do amigo Inácio.

Voltei para a porta do velório da cidade, esperando a chegada do corpo de Bia.

Juntei-me a Ineque, Ana e Maurício.

– E o espírito reencarnante, como está neste momento? – perguntou Maurício.

– Sentindo muitas dores físicas; tem a sensação de ter o corpo físico retalhado. Está muito perturbado, ainda não se deu conta do que aconteceu – respondeu Ineque.

– O aborto é considerado crime grave, não é? – questionou Ana.

– É sim! Em *O Livro dos Espíritos,* questão 880, Kardec questiona os Espíritos: *Qual o primeiro de todos os direitos naturais do homem?,* e recebe a seguinte resposta: *O de viver. Por isso é que ninguém tem o direito de atentar contra a vida de seu semelhante, nem de fazer o que quer que possa comprometer-lhe a existência corporal* – respondi, introspectivo.

– No caso de Bia, qual será seu comprometimento diante das leis naturais? A maneira como procedeu será considerada suicídio, seguido de assassinato? – inquiriu Maurício.

– Apenas a consciência de Bia poderá responder a essa pergunta. Ela se comprometeu de maneira traumática, mas, diante de seu grau de entendimento do momento, de seu estado mental e emocional, será considerada a gravidade de seus atos – explicou Ineque.

– Devemos lembrar que após nosso desencarne estaremos onde nossa consciência nos autorizar. O que percebi em pequena conversa com Bia é que apenas o que ficou para trás, a família terrena, a preocupa. Pareceu-me não ter noção do que fez ao espírito reencarnante. Acredito mesmo que ainda não o considerava como um filho – informei aos amigos.

– Segundo o que aprendemos, a vida começa na hora da concepção – comentou Maurício.

– Isso mesmo. Ainda em *O Livro dos Espíritos*, na questão 344, Kardec indaga aos Espíritos: *Em que momento o espírito se une ao corpo?*, e recebe a seguinte resposta: *A união começa na concepção, mas só é completa no momento do nascimento. A partir da concepção o Espírito é designado para ligar-se a determinado corpo, e a este realmente se liga por um cordão fluídico, que se vai encurtando gradativamente, até o instante em que a criança nasce.*

O choro que então se escapa dos seus lábios anuncia que o bebê entrou para o número dos encarnados e dos servos de Deus – comentou Ineque.

– Diante de uma criatura como Bia, que parece não ter noção da gravidade de seu ato, essa informação deve ser considerada? – questionou Ana.

– Devemos lembrar que todos nós voltamos diariamente ao mundo dos espíritos, e, diante de dificuldades que nos atormentam, somos esclarecidos e alertados constantemente de consequências que poderemos sofrer diante de nossa insistência em passar pela porta larga. Além do mais, não conheço ninguém que, diante de atos desequilibrados, tenha tido a certeza do que estava fazendo. Sempre fica um mal-estar, que é decorrente de nossas ideias inatas. No caso, as leis naturais a que estamos sujeitos – respondi.

– Procuremos informação sobre o assunto, porém, tendo em vista adquirir conhecimentos para entender e não julgar. Cada caso deve ser considerado como único. Vejam, o carro funerário se aproxima; devemos estar preparados para a comoção que acontecerá. Eles ainda não viram o corpo de Bia e lhes parece meio irreal o que aconteceu. Auxiliemos a todos com carinho e paciência – alertou Ineque.

O caixão foi retirado do carro fúnebre e acomodado sobre cavaletes em uma simples sala de velório. O funcionário abriu a tampa do caixão e as pessoas ali presentes aproximaram-se, indecisas e retraídas. Sentimos a emoção de todos, rejeitando a realidade cruel que os defrontava. A menina, viva e sempre falante, estava reduzida a uma imagem fria e estática.

O sentimento definitivo e derradeiro da perda tomou conta do coração de todos, ainda ignorante da eternidade do espírito.

Aproximei-me de Sandra e a intuí a orar com os amigos e familiares. A oração de nosso Mestre Jesus se fez ouvir com emoção e todos se voltaram ao Pai pedindo forças para si mesmos e para Bia.

A noite se arrastou, lenta e dolorida. A incredulidade sobre o momento, em muitas ocasiões, roubava o equilíbrio, e a emoção desenfreada cobrava ao mundo a razão de tal acontecimento.

※ ※ ※

Os pais de Bia foram chamados à casa funerária para assinar alguns papéis. Ainda desorientados, pediram que Sandra e Sheila os acompanhassem. Chegando lá, foram instruídos sobre os custos e as responsabilidades que assumiam. O funcionário que os atendia e esclarecia, bastante constrangido, entregou-lhes uma certidão de óbito provisória. Clara, mãe de Bia, passou a ler o conteúdo e, pálida e estupefata, questionou o funcionário sobre o que estava especificado como motivo do óbito:

– Isso está correto?

– Infelizmente sim, minha senhora. Foi aborto provocado por objeto perfurocortante – respondeu de olhos baixos.

Clara empalideceu e sentiu ligeira vertigem. Sheila a apoiou para que não caísse da cadeira onde estava sentada.

Sandra fechou os olhos e, sentindo forte dor no estômago, pediu para utilizar o sanitário. A emoção diante do acontecido a desequilibrou momentaneamente. Sentiu muitas náuseas. Ficou abatida diante da notícia da violência que Bia praticara contra si mesma e o espírito agasalhado em seu útero.

Aproximei-me da amiga e pedi a ela que tivesse mais tolerância e firmeza diante da situação que estava vivendo.

– Ela era apenas uma criança inconsequente, Vinícius.

– Sabemos, minha amiga, mas isso não anula o ato nem tampouco a nossa compaixão. Vamos lá! Você tem muito a fazer por aqui hoje, sabe muito bem das limitações do grupo familiar.

– Mas estou cansada.

— Eu sei, porém ainda não é hora de descanso, apenas lave o rosto e ore. Somente o Pai para compreender nossas necessidades e provê-las. Você sabe disso; mas e os outros, sabem?

— Você tem razão, não sou vítima em circunstância alguma; sou apenas alguém que pode fazer diferença se for forte e predisposta a isso, não é? Apenas senti por instantes o desespero do espírito reencarnante, o que acabou por emocionar-me demais.

— Isso mesmo, essa é a amiga que conheço de tantos momentos difíceis e superados.

❧ ❧ ❧

Durante a tarde, antes da remoção do corpo de Bia para o local onde seria enterrado, um amigo da família ofereceu-se para fazer uma prece. Foi um momento de muita emoção; todos oraram com sinceridade; ela estava lá e recebeu energia fortalecedora, calmante e de muito amor. Sonolenta, foi levada novamente ao plano dos espíritos, para gozar durante certo tempo de um sono reparador.

Após o enterro, todos voltaram para suas casas, consternados com os últimos acontecimentos.

Clara informou que cuidaria de sua neta Carla. Todos se colocaram à sua disposição, caso fosse necessário.

Antes de voltarmos à nossa casa de socorro, resolvemos ir ao encontro do irmão que perseguia Bia. Nós o encontramos recostado em uma árvore do lado externo do cemitério. Naquele momento, pareceu que nos esperava. Aproximei-me dele.

– Como está o irmão? – inquiri com carinho, pressentindo grande dor.

Ele olhou-me e disse entredentes:

– Ela sempre me surpreende com suas loucuras; esperava ansiosamente que partisse do mundo para poder cercá-la e levá-la comigo, como sempre foi nosso destino. Prometemos um ao outro a fidelidade eterna, mas ela sempre acha um jeito de burlar nosso acordo e depois me faz perdoá-la. Não sei viver sem ela! Será que ela não entende isso?

– O amigo precisa libertar-se dessa prisão emocional. Não somos donos de nossos amores, mas companheiros que dividem as alegrias e as tristezas. Já pensou que seu sentimento pode assustar a menina, e não encantá-la?

– Ela já me disse isso. Mas eu não consigo mudar a minha maneira de ser em relação a ela.

– Parece-me que é necessário certo esforço para libertar-se desse amor obsessivo. O sofrimento já lhe cobra o tributo. Você está desequilibrado e sofre terríveis deformações físicas; chegará um momento em que a razão não mais vai comandá-lo.

– E o que eu posso fazer?

– Aceitar auxílio. Quando percebemos que não temos controle sobre nossas emoções, que o sofrimento nos rouba a razão, pedimos ajuda ao Pai, que nos atende de imediato.

– Mas precisarei pedir...

– Não podemos obrigá-lo a mudar de ideia ou comportamento; você precisa nos dizer suas intenções.

– Será que um dia terei o direito de vê-la novamente?

– Trabalhe para isso, meu amigo. O futuro a nós pertence, pois podemos por meio de esforço pessoal fazer algumas escolhas na hora certa.

Nesse momento, o jovem nos olhou e percebi que o cansaço o vencia; estendeu-me as mãos e pediu num murmúrio:

– Levem-me com vocês, por favor.

Assim o fizemos. Dócil, ele permitiu ser conduzido. Deixamo-lo aos cuidados de adorável entidade que auxiliava em bendita casa de socorro de nosso plano invisível.

Voltamos à Casa Espírita Caminheiros de Jesus, onde Fábio nos aguardava com novas informações sobre o caso de Rachel. Aproveitamos para dirimir as dúvidas sobre um assunto bastante importante nos dias de hoje: a gravidez na adolescência.

– Fábio, você tem estudado e pesquisado o assunto sobre gravidez em mulheres muito jovens? – perguntou Ana.

– Tenho sim, e confesso que somente me interessei pelo assunto quando Rachel passou a ter um relacionamento sexual ativo – falou Fábio.

– Então, o seu companheiro que reencarnará como filho de Rachel já tinha assumido esse compromisso? – perguntou Maurício, demonstrando certa surpresa.

– Não. O planejamento original foi bem diferente, inclusive o pai biológico da criança não deveria ser o Airton; porém, diante dos acontecimentos, tivemos de improvisar um pouco. Cézio, esse é o nome do meu amigo em pretérita encarnação, que aceitou adiantar o seu retorno à matéria. Cézio participou de seu planejamento encarnatório de maneira assistida. Ele terá algumas restrições mentais, que serão diagnosticadas como atraso de aprendizagem, o que o manterá mais tempo sob a tutela de seus pais – falou Fábio.

– E agora? Com as modificações feitas, esse planejamento continuará o mesmo? – perguntei ao amigo.

– Precisamos esperar para ver como as coisas acontecerão, mas Airton tem um planejamento encarnatório de poucos anos e está próximo de seu desfecho. Acredito que, de uma maneira ou de outra, Rachel acabará junto de meu filho Caio, apenas o menino não será filho biológico dele. Mas, conhecendo-lhe a índole moral, sei que isso não fará diferença – afirmou Fábio.

– E quanto ao período de gravidez da menina? Sofrerá problemas físicos? – perguntei.

– A gravidez na adolescência não é aconselhável, visto que o corpo ainda não está totalmente desenvolvido. O sistema reprodutor ainda não está amadurecido, o que pode gerar vários desequilíbrios orgânicos, como hipertensão, partos prematuros, ruptura da bolsa antes do tempo, bebês e mães com desnutrição; inclusive o risco de mortalidade do bebê é maior. Também podemos considerar a imaturidade emocional da mãezinha, que acaba por arranjar um problema social, pois toda a sua vida vai se modificar. Ela não poderá mais desfrutar da liberdade adolescente na experimentação do mundo, o que a levará a formar a sua personalidade adulta de maneira abrupta, podendo acarretar algumas falhas; em muitas ocasiões, ela vai sentir-se excluída de grupos afins. Esse quadro será agravado com o nascimento da criança, pois a mãe será defrontada com as limitações e obrigações novas e poderá entrar em estado depressivo grave – comentou Fábio.

– Então é muito importante o acompanhamento médico e psicológico? – indaguei ao amigo.

– Imprescindível, mas existe um agravante nessa situação. Por serem ainda mulheres adolescentes, dependentes dos pais, sentem muito medo de contar a novidade, então, geralmente, escondem a gravidez até o momento em que isso não é mais possível – esclareceu Fábio.

– Dessa maneira, o acompanhamento pré-natal fica prejudicado? E, se houver algum problema na gestação, poderá acontecer de não ser mais possível o tratamento? – inquiriu Ineque.

– Nos casos mais graves sim, em outros podemos evitar sofrimentos maiores. Ontem mesmo acompanhei um grupo que trabalha neste tipo de socorro. Infelizmente, a menina de catorze anos postergou demais a notícia da gravidez e os pais encontraram-na desmaiada e a levaram à emergência de um hospital, porém a pressão arterial estava muito alta, o que ocasionou para a jovem mãe e seu filho o desencarne – respondeu Fábio.

– E os pais não sabiam de sua gravidez? – perguntou Ana.

– Infelizmente não, e ficaram inconformados com a notícia. Haviam percebido que a menina estava esquiva nas poucas vezes em que conversavam – contemporizou Fábio.

– Deve ser muito difícil enfrentar tal situação – comentou Maurício.

– A vida agitada da atualidade, as diversas obrigações e atividades, o cansaço etc. muitas vezes acabam por afastar os membros de uma família, e eles passam a não mais se observar ou mesmo conhecer as características pessoais um do outro. Dessa forma, se há modificações sutis ou mesmo significativas, elas não são percebidas. Na gravidez de adolescentes, isso acaba por privar as meninas dos cuidados do pré-natal, que poderiam prevenir alguns problemas de saúde e, em caso de desequilíbrio orgânico, o socorro imediato, antes de um fim desastroso – explicou Ineque.

– Ou ainda problemas psicológicos graves que acabarão por afetar negativamente o futuro de ambos, mãe e filho. Na maioria dos casos, o aborto é feito por pessoa leiga ou mercenárias da infelicidade alheia, e acaba por ocasionar terríveis consequências para as jovens, inclusive o desencarne prematuro – contemporizou Ana.

– Percebo claramente uma grande falha no processo educativo de formação pessoal de nossos jovens, para que se capacitem a viver em um mundo com mais liberdade. Volto a mencionar o alerta de nosso mestre Allan Kardec: "É pela educação, mais do que pela instrução, que se transformará a humanidade"[15] – afirmei com segurança.

– O amigo Vinícius tem razão. Em algumas situações, as mudanças acontecem à revelia, sem orientação segura para os seus participantes; o correto é que, antes de empreendermos uma caminhada, nos prepararemos e conheçamos o caminho. O que não vem acontecendo, princi-

---

15 KARDEC, Allan. *Obras Póstumas* (Nota da Edição).

palmente nessa virada de valores pessoais e comunitários. Percebo uma tendência muito forte de cada um para viver a sua vida, em detrimento das necessidades do grupo, o que acaba trazendo mais e mais desequilíbrios – esclareceu Ineque.

– Se tomarmos os casos de gravidez na adolescência, esses jovens, homens e mulheres, não são ignorantes sobre o processo necessário para se gerar um filho, mas sim ignorantes de suas responsabilidades. Não raras vezes, mostram-se assustados diante do acontecimento, mesmo sabendo que são sexualmente ativos, portanto, sujeitos a esse acontecimento – informou Fábio.

– Há grande preocupação em esclarecer por meio de informação sobre o relacionamento físico, mas o verdadeiro processo educacional acaba por não se concretizar. Onde está a falha? – perguntei entristecido.

– Na realidade deve existir uma interação entre as diversas comunidades que frequentamos e nos auxiliam no processo de aprendizagem, como a família, a escola, os amigos, o trabalho etc. Quando isso acontecer, haverá interligação entre as informações intelectuais e a cobrança na prática destas. Aí sim ocorrerá um processo evolutivo em termos de educação do espírito. Sabemos que para nós é muito importante a convivência em sociedade. Dessa maneira, as diversas faculdades existentes acabam por nos despertar a necessidade do aprendizado e a aplicação real dele – falou Fábio.

– No capítulo VII do livro III de *O Livro dos Espíritos*, "Lei da Sociedade", questão 768, Kardec pergunta aos Espíritos se, ao buscar a sociedade, o homem está obedecendo apenas a um sentimento pessoal ou se há também uma finalidade da Providência. E recebe como resposta: *O homem tem de progredir. Isolado, isso não lhe é possível, por não dispor de todas as faculdades. Falta-lhe o contato com os outros homens. No isolamento, ele se embrutece e estiola.* Afinal, cada um de nós possui uma linha evolutiva definida por nossas próprias necessidades. Assim, ao observar e precisar do auxílio do outro, acabamos percebendo diferenças importantes, que ajudam em nosso processo evolutivo e facilitam a qualidade de convivência com todos – finalizei bastante animado com o rumo de nossa conversa filosófica.

Recebendo informação urgente sobre a necessidade de socorrer Rachel, fomos a seu encontro.

CAPÍTULO 10

– UMA PRECE DE AMOR –

361. Qual a origem das boas ou más qualidades morais do homem?
São as do Espírito que está nele encarnado: quanto mais puro esse Espírito, tanto mais inclinado ao bem.

361-a. Parece, em razão disso, que o homem de bem é a encarnação de um bom Espírito, e, o vicioso, a de um Espírito mau?
Sim; mas dizei, antes, a de um Espírito imperfeito, pois do contrário poderíeis fazer crer na existência de Espíritos sempre maus, a que chamais demônios.[16]

Deslocamo-nos rapidamente em direção à casa da menina e percebemos a gravidade dos acontecimentos que

---

[16] KARDEC, Allan. *O Livro dos Espíritos*. Livro II – "Do Mundo Espírita ou Mundo dos Espíritos", capítulo VII – "Retorno à Vida Corporal", item III – "Faculdades Morais e Intelectuais do Homem" (N.M.).

se desenrolavam naquele momento. A gritaria e a algazarra do plano espiritual eram terríveis. O ar fétido e a densa nuvem energética, que a tudo envolvia, davam ao local a aparência de escuridão, reflexo de mentes em desalinho que por ali passavam em busca de vingança.

Entramos e percebemos que a mesma atmosfera da entrada da residência era encontrada nos aposentos. César, embriagado, esbravejava e avançava com violência sobre a esposa Inês, que tentava se esquivar dos golpes, mas o homem era muito forte e rápido. Rachel, de aparência frágil, tentava conter o pai em seu desvario.

Aproximamo-nos do pequeno grupo e vimos o desavisado irmão Cipriano incitando a discórdia.

Muito próximo de César, e aproveitando as suas falhas de caráter, soprava continuamente em seu ouvido:

– Preste atenção, elas o traem! Sua filha traz no ventre o fruto da perdição. Ela o está envergonhando perante o mundo e sua mulher é condescendente. Todos o traem e o chamam de bêbado burro. Olhe a barriga dela. Basta um chute e o miserável será abortado como um verme indigno. Chute a barriga dela, chute, não seja covarde.

César, alcoolizado e vítima de seus próprios sentimentos menos nobres, escutou a estranha fala hipnótica; desorganizado emocional e mentalmente, tentava acertar pontapés na barriga de Rachel, mas Inês percebeu suas intenções e tentou proteger a filha da violência do pai, o que foi inútil.

❧ ❧ ❧

Rogério voltava a pé do trabalho e caminhando devagar aproveitava o frescor do início da noite. Resolvemos intuí-lo a apressar o passo. Ele parou e prestou atenção na forte sensação de urgência que o invadiu e pensou aflito: "Preciso correr, algo grave acontece em minha casa".

Em instantes chegou e ouviu os gritos de socorro de sua mãe e de sua irmã. Imediatamente, imobilizou o pai e o levou para o quarto do casal. O homem violento o socava e chutava. Rogério, sem alternativa, trancou o pai no dormitório e voltou correndo para a sala, onde Rachel estava caída no chão, com fortes dores abdominais. Inês tentava socorrer a filha, mas o pânico pelo qual foi acometida deixava-a contraproducente.

– Calma, mãe, calma! Deixa que eu socorro Rachel. Vá sentar-se no sofá.

A senhora, trêmula, sentou-se no sofá e chorou copiosamente, falando sem parar:

– Ele queria nos matar, ele queria nos matar... por causa de uma suposta gravidez de sua irmã.

– Mãe, procure se acalmar, preciso levar Rachel para o hospital imediatamente. Por favor, chame a tia Nidia e o tio Roberto, eles moram pertinho e chegarão logo para ficar com a senhora.

– Não, eu quero ir com vocês. Não quero ficar com ele aqui sozinha. Escute como ele grita! E ainda está quebrando o quarto todo.

– Não adianta a senhora ir. Chame os tios e, enquanto eles não chegam, a senhora fica no portão esperando. Peça ao tio para ver o pai. Se precisar chame a emergência ou a polícia; eu nunca o vi tão descontrolado.

– Está bem, mas me dê notícias de sua irmã. Ele a machucou muito. Minha filha! – falou a mulher em descontrole.

Inácio veio em nosso auxílio e dirigiu-se ao quarto onde estava o infeliz. Cipriano já não estava ao seu lado, mas o descontrole mental de César estava visível em seu rosto retorcido pelo ódio. Desdobrado e afinizado com um mundo espiritual mais ignorante, via ali ao seu lado tristes entidades em estado de deformação, que o atacavam a mando do desvairado adversário.

Inácio tentou aproximar-se de César, porém o dementado esquivou-se e sucumbiu sob o forte impacto emocional. Seu coração, já enfraquecido pela vida desregrada que havia muito desfrutava, parou sob grave e fulminante enfarto. A triste cena de horror nos emocionou sobremaneira:

assim que seu espírito percebeu a relativa liberdade, aliou-se ao triste mundo das trevas, partindo em companhia de irmãos tão necessitados como ele mesmo.

Um silêncio assustador envolveu o ambiente. Roberto chegou e correu para o quarto sob forte impressão. Abriu a porta e deparou com o corpo do cunhado sentado no chão, com as costas apoiadas na cama, a mão no peito e os olhos arregalados.

– Nidia, chame a ambulância imediatamente, parece que César teve um enfarto fulminante. Meu cunhado parece morto.

– Meu Deus! Meu marido morreu – gritou Inês em desespero.

O veículo de emergência chegou à casa da família e logo os paramédicos constataram o óbito de César. O corpo foi removido para o Instituto Médico-Legal da cidade.

Enquanto isso, Rogério esperava em uma pequena sala notícias de sua irmã que estava sendo atendida por uma equipe médica.

Angela, avisada por uma amiga, vizinha de Rachel, dirigiu-se ao hospital para saber do estado de saúde da menina. Carol, compadecida, ligou para o irmão Caio, que também se dispôs a amparar a amiga.

– Rogério, como está Rachel? – perguntou Carol.

– Ainda não sei, está sendo atendida faz mais de duas horas. Teve uma hemorragia, mas parece que não tem nada com a gestação. Eles estão fazendo exames para localizar a origem do sangramento – falou Rogério com a voz emocionada.

– Eu sinto muito tudo o que aconteceu. E sua mãe, como está? – questionou Angela.

– Ficou em casa. Está bastante alterada emocionalmente; pedi a ela que chamasse meus tios. Ela estava com medo de ficar sozinha com meu pai; mas acho que meu tio chegando deve ter conseguido acalmá-lo. Ela não me ligou, então deve estar tudo bem – respondeu Rogério.

Carol olhou para a mãe de maneira significativa, pois percebeu que Rogério não sabia dos últimos acontecimentos em sua casa. Nesse instante, Caio entrou na pequena saleta e abraçou com carinho o amigo de lides espíritas.

– Vocês se conhecem. São amigos? – perguntou Carol, curiosa.

– Como? – questionou Caio.

– São amigos? – perguntou novamente.

– Sim, trabalhamos no grupo de mocidade da mesma Casa Espírita – respondeu Caio.

– Você nunca comentou nada conosco – observou Angela.

– Acredito que não tivemos oportunidade. E Rachel, está bem? – questionou Caio.

Nesse instante o médico responsável pelo plantão médico apareceu na porta da sala com um semblante que demonstrava preocupação. Estendeu a mão e disse afável:

– Meu nome é Marcel, estou atendendo Rachel. O estado é bastante ruim, houve uma ruptura no baço, e isso está causando uma hemorragia grave. Quanto à gestação, até o momento, está tudo bem, mas precisamos levá-la para a sala de cirurgia imediatamente. Precisamos da autorização dos pais.

– O senhor poderia explicar melhor tudo isso? – pediu Rogério.

– Quando a ruptura do baço é grande, como no caso de sua irmã, a solução é uma cirurgia de emergência. Dependendo da extensão do dano, podemos fechar o ferimento ou retirar o baço – contemporizou Marcel.

– E quais as consequências? – questionou Rogério.

– O baço é um órgão que faz parte do sistema de defesa ou imunológico, mais ou menos do tamanho de um punho. Ele controla, armazena, destrói e produz células sanguíneas. Determina a qualidade dos eritrócitos, eliminando aqueles que não estão mais saudáveis. Serve como depósito de elementos sanguíneos como os leucócitos e as plaquetas. Enfim, é um órgão importante para a defesa de todos os sistemas, pois, além de produzir anticorpos, ainda remove bactérias indesejáveis; consequentemente, quando o baço adoece, a nossa capacidade de reagir a infecções torna-se bastante reduzida. Se fizermos uma esplenectomia, a retirada do órgão, para minimizar o problema será necessária uma ação terapêutica com a aplicação de algumas vacinas, como contra pneumococos, mas também é aconselhável a profilaxia com antibióticos. Com o tempo, o organismo se adapta e alguns órgãos assumem essa função, como o fígado. No caso de sua irmã, isso se agrava por ela estar grávida, pois algumas vacinas e medicamentos profiláticos não poderão ser usados.

– E o nenê, como fica? – Rogério questionou o médico.

– É um caso delicado, mas faremos o possível para preservar a vida do feto; porém, se precisarmos fazer uma escolha, não teremos dúvida em salvar a mãezinha. Ela é jovem e terá muitas oportunidades pela frente – avisou o médico de maneira bastante consciente e firme.

– Quanto à autorização para a cirurgia, o senhor sabe de toda a história, doutor?

– Mais ou menos, apenas que o ocorrido foi devido à violência familiar.

– Foi por conta de meu pai que estava alcoolizado. Minha mãe está em estado de choque. Será que eu posso assinar essa autorização? – solicitou Rogério.

– Você não é o tutor legal dela, e ela é menor de idade. Vou precisar fazer uma ocorrência e assumir a responsabilidade sobre o risco iminente, assim poderei mandá-la para a cirurgia – respondeu Marcel.

– Obrigado, doutor. Vamos esperar.

– Há uma sala de espera para familiares próximo ao centro cirúrgico. Vocês podem ir para lá.

Eles se dirigiram para a sala de espera e ficaram confortavelmente instalados. Carol questionou sobre o que o médico dissera a respeito de salvar a mãe em detrimento do feto.

– Mãe, se não me engano existe alguma coisa em *O Livro dos Espíritos* a respeito de salvar a vida da mãe em caso de perigo. Você se lembra?

– Lembro sim, minha filha. É a questão 359 – respondeu Angela.

Caio retirou o livro de uma pasta e disse:

– Eu venho de uma reunião de estudos e estou com o livro. Vou ler para vocês:

359. Supondo que a vida da mãe corra perigo pela proximidade do parto, há crime em se provocar o aborto para salvar a vida da mãe?

É preferível que se sacrifique o ser que ainda não existe a sacrificar-se o que já existe[17].

---

17 KARDEC, Allan. *O Livro dos Espíritos*. Livro II – "Do Mundo Espírita ou Mundo dos Espíritos", capítulo VII – "Retorno à Vida Corporal", item II – "União da Alma e do Corpo. Aborto" (N.M.).

– Mas para Rachel seria muito triste se isso acontecesse – comentou Carol.

– Não sejamos pessimistas! Lembremos de que Deus sempre nos fortalece pela caminhada afora, e que acabamos por viver o que nos é necessário. O objetivo é sempre nossa evolução. Ademais, Rachel é jovem e bastante saudável. Acredito que tudo dará certo – concluiu Angela.

Fazendo uma pausa e uma prece sentida de amor, Angela resolveu conversar com Rogério sobre o desencarne do pai. Sabia ser necessário o conhecimento do moço sobre o fato. Segurando as mãos dele, olhou-o com carinho e disse:

– Preciso dar a você mais uma notícia bastante triste. Estou aqui adiando o momento, mas sei que é necessário que você saiba.

– Por favor, dona Angela, o que mais aconteceu? Foi com minha mãe?

– Não, meu amigo. É seu pai; após a sua saída com Rachel, ele passou mal, teve um enfarto fulminante e desencarnou.

Rogério levantou-se da poltrona onde estava sentado, passando as mãos pelos cabelos. Olhou os amigos e perguntou aflito:

– Meu pai se foi? A Rachel está numa mesa de cirurgia! E agora, o que faço?

– Só podemos orar e esperar pelo resultado da cirurgia. Depois, Rachel deverá ficar algumas horas na sala de recuperação. Sugiro que Caio o acompanhe até a sua casa, sua mãe precisa de você. Se tiver de tomar mais alguma providência, meu filho é jovem, mas bastante expediente para tomar decisões – respondeu Angela.

– Por favor, assim que souber notícias de minha irmã, a senhora me avisa? – pediu o rapaz.

– Aviso sim, vá cuidar de sua mãe agora. Ela deve estar precisando de seu carinho.

Carol foi em direção a Rogério, que estendeu os braços e a estreitou contra o peito amorosamente. A menina passou as mãos pelo rosto banhado de lágrimas do rapaz e disse:

– Estarei com você em todos esses momentos. Não sei se isso o conforta, mas sinto que preciso dizer do carinho que sinto por você.

Rogério, emocionado, acariciou o rosto da menina e falou com a voz embargada:

– Você é tão jovem, mas tão adulta! Esse carinho está sendo muito importante para mim. Sei que sempre estaremos juntos, sempre soube, desde o momento em que a vi ao lado de minha irmã; mas você é muito jovem.

– Não tem importância; se precisar esperar, eu espero.

Rogério a beijou na testa e disse:

– Obrigado, você me confortou muito.

Os dois rapazes saíram da sala e Carol ficou olhando a porta se fechar. O pranto sentido aliviou a tensão que seu jovem coração vivia. Angela levantou-se da poltrona, de onde presenciara a emocionante cena, e abraçou a filha com muito amor e carinho.

– Calma, minha criança, calma! O amor é a coisa mais sublime do mundo, é o sentimento por excelência, e sobrevive nos corações fiéis dando os frutos mais extraordinários. Apenas se acalme, ele é um bom rapaz e pressinto um futuro feliz vindo por aí.

Carol ergueu o rosto ainda infantil e disse entre lágrimas:

– Não sei como, minha mãe, mas sinto que o amo desde que abri meus olhos para essa vida.

CAPÍTULO 11

– SENSAÇÃO DE PAZ –

368. Após a sua união com o corpo, o Espírito exerce com toda a liberdade as suas faculdades?

O exercício das faculdades do Espírito está na dependência dos órgãos que lhe servem de instrumento. A matéria frequentemente as enfraquece.

368-a. Pelo que dizeis, o envoltório material é um obstáculo à livre manifestação das faculdades do Espírito, da mesma forma que um vidro opaco impede a livre irradiação da luz?

Sim, um vidro muito opaco.

Pode-se ainda comparar a ação da matéria grosseira do corpo sobre o Espírito à de uma água lodosa, que tira a liberdade de movimentos do corpo nela mergulhado.[18]

---

[18] KARDEC, Allan. *O Livro dos Espíritos*. Livro II – "Do Mundo Espírita ou Mundo dos Espíritos", capítulo VII – "Retorno à Vida Corporal", item IV – "Influência do Organismo" (N.M.).

Rogério chegou à sua casa bastante perturbado pelos últimos acontecimentos. Sua mãe estava deitada no sofá da sala, com os olhos fechados e o rosto endurecido pela dor recente. Sua tia Nidia o chamou na cozinha.

– Tia, este é Caio, um grande amigo.

– Prazer em conhecê-lo, obrigada por apoiar-nos neste momento – redarguiu Nidia.

Caio agradeceu de maneira discreta, e Nidia perguntou:

– E Rachel, como está?

– A senhora não sabe ainda, mas minha irmã está grávida – informou Rogério.

– Nossa Senhora das Graças! Foi por isso que o César fez o que fez? – perguntou assustada.

– Não sei, tia. Ele ainda não sabia, mas acho que desconfiou – respondeu Rogério.

– Você é o pai da criança? – perguntou atônita.

– Não, senhora, mas se fosse teria muito orgulho, tanto da criança como da mãe – respondeu Caio sorrindo.

– Jesus! Rogério, conte-me como está sua irmã.

– Meu pai espancou e chutou muito a barriga de Rachel, por essa razão ela teve o baço rompido e está passando por uma cirurgia. O médico disse que ela está estável, mas o caso é grave – explicou Rogério.

– E ela ficou lá sozinha? – questionou Nidia.

– Não, tia. Eu só vim para casa porque dona Angela e Carol estão lá e prometeram me informar sobre qualquer coisa que aconteça.

Depois, Rogério questionou a tia sobre o desencarne do pai.

– Nós chegamos aqui e Inês estava nos esperando lá fora. Assim que entramos, Roberto correu para o quarto e encontrou seu pai morto. Segundo o paramédico, foi um enfarto fulminante, provavelmente por causa do descontrole emocional e do alto grau de álcool no sangue. Na hora eles mediram e parece que era totalmente fora do normal – explicou Nidia.

– E minha mãe, como reagiu?

– No começo ficou desesperada, depois foi se acalmando. O dr. Márcio, nosso vizinho, veio até aqui e deu um calmante para ela. Após o corpo ter sido levado para o IML, ela deitou no sofá e está dormindo até agora.

– Sabe, tia, eu estou triste com o desencarne de meu pai, mas não é um sentimento intenso, acho que até sinto um pouco de alívio. E isso está me fazendo mal.

Nidia abraçou o sobrinho e disse compreensiva:

– Rogério, ele era meu irmão, e eu sinto o mesmo. Infelizmente, César foi um homem de muitos vícios e trouxe muito sofrimento para todos nós. Meus pais acabaram doentes de tanta tristeza. Ele começou a beber muito cedo e era violento. Acabou agredindo até mesmo minha mãe. Se somarmos todas as situações difíceis que vivemos com ele, esse sentimento é até mesmo saudável.

Caio observava a cena com compaixão e pensou: "Como sou grato pelo pai que tive, apesar de ele estar no mundo dos espíritos há um bom tempo, ainda é nosso exemplo de vida".

– Tia, eles disseram quando o corpo do pai vai ser liberado?

– O Roberto ficou de ligar assim que tiver alguma notícia. Agora, sentem-se aqui, eu fiz uma sopa para vocês.

– Eu não vou conseguir comer nada – respondeu Rogério.

– Dona Nidia, o cheiro de sua sopa está muito bom e eu vou aceitar. Rogério, você precisa comer alguma coisa, a noite será longa – aconselhou Caio.

– Isso mesmo, menino. Saco vazio não para em pé. Sente-se aqui e coma tudo – falou com firmeza e carinho a pequena senhora Nidia.

⚜ ⚜ ⚜

Inês, adormecida e auxiliada por Inácio, foi levada ao plano espiritual, apenas para tratamento de ambientação fluídica. Duas senhoras a atendiam, livrando-a de alguns miasmas que estavam localizados no coronário, obstruindo a absorção de fluidos espirituais. Ao mesmo tempo, Inácio a fazia recordar mentalmente de seus compromissos ao lado da família, enfatizando que mesmo no sofrimento encontramos verdadeiras preciosidades, que nos auxiliam na caminhada evolutiva. Exortou-a para a fé produtiva, lembrando-a dos exemplos de amor e perdão de Jesus, mas acima de tudo destacando sobre a sua origem divina. O canal de comunicação foi liberado e o trânsito energético melhorou em qualidade e quantidade. Percebemos que a senhora ainda estava adormecida, porém mostrava tranquilidade. Ressonava serenamente e seu semblante, antes preso a uma aparência dolorosa, relaxou e clareou diante de sua própria luz interior, acordada pela bondade de Deus.

⚜ ⚜ ⚜

Após algumas horas de angustiosa espera, o corpo de César foi liberado e a família dirigiu-se ao velório municipal.

Rogério, que conversava de hora em hora com Angela, recebeu a excelente notícia de que estava tudo bem com Rachel e a criança. Apenas aguardavam algumas horas de recuperação para liberar a menina para um quarto.

A noite arrastou-se em dolorosos momentos de dor e revolta pelos últimos acontecimentos. Ainda tentamos trazer César para o velório, no horário da prece intercessória, porém o desequilibrado irmão não nos ouvia e nos pareceu estar à vontade junto aos seus companheiros espirituais.

Entristecidos, afastamo-nos e permitimos a ele vivenciar as suas próprias escolhas, sempre pedindo ao Pai que o assistisse e o iluminasse, dessa maneira enxergando a sua condição de necessitado.

Após o enterro, Inês, Rogério e Caio se dirigiram ao hospital para visitar Rachel, que acabara de ser transferida para um quarto.

– Sua mãe falou como está minha filha, Caio? – Inês perguntou.

– Disse que ela está acordada e conversando. O médico falou que a cirurgia correu bem, e que ela é muito saudável. Com certeza, vai se recuperar logo – respondeu Caio.

– Não sei como agradecer a você e a sua família pela ajuda que nos prestaram nessa hora de sofrimento – falou Inês.

– Não se preocupe, dona Inês. Temos muito carinho pelos seus filhos – respondeu o rapaz, solícito.

Rogério, que estava silencioso até aquele momento, resolveu que deveria conversar com a mãe sobre a gravidez de Rachel.

– Mãe, vou parar um pouquinho nesta praça para conversarmos, está bem? Caio, você se importa de esperar um pouquinho? – pediu Rogério.

Inês balançou a cabeça em sinal afirmativo e Caio disse que podiam dispor do tempo que precisassem.

Sentados em um banco do jardim, Rogério abraçou amorosamente a mãe e falou:

– Preciso lhe contar uma coisa muito importante, e peço que lute por ter bons sentimentos em relação a isso, pois precisamos muito da senhora.

– Eu acho que sei o que é. Quando vi seu pai batendo na Rachel e ouvi as coisas que ele falava, enlouquecido de ódio, parece que vi na barriga de minha filha um neto muito querido; por tudo isso lutei muito para que ele não a machucasse, mas ele demonstrava uma força fora do comum. Oh! Meu filho, o que houve conosco? Quando foi que perdemos a capacidade de nos unirmos e defendermos uns aos outros?

– Não se preocupe, mãezinha. Deus é muito bom para nós, temos uma vida inteira pela frente, ainda seremos muito felizes.

– Sou uma mulher afortunada; hoje eu sei que tenho dois filhos maravilhosos, mas houve um tempo em que só conseguia enxergar a maldade e estava me tornando má também.

Rogério, com lágrimas escorrendo por seu rosto, beijou as faces pálidas de sua mãe e a convidou para prosseguirem o caminho e se juntarem a Rachel, para tranquilizá-la sobre o futuro. Então, lembrou-se de que sua irmã ainda não sabia da morte do pai.

❧ ❧ ❧

Tudo caminhava com mais equilíbrio, então resolvemos visitar nossas amigas Sheila e Sandra. Durante dias nos dedicamos ao acolhimento da família de Rachel e, dessa maneira, sentimos necessidade de saber como estavam nossas companheiras de lides espíritas. Dirigimo-nos à Casa Espírita e encontramos Sandra bastante abatida, sentada à mesa da cozinha. Ela tentava fazer uma leitura de *O Evangelho Segundo o Espiritismo*, mas ao seu lado a jovem Bia, recém-desencarnada, novamente em desequilíbrio, gritava em seu ouvido. Percebi que ignorava seu estado, apesar de já termos conversado sobre o seu desencarne.

– Por que você me ignora? Converse comigo, estou com muito medo. Acho que estou tendo um pesadelo; esse homem me persegue e me diz coisas horríveis. Por que você não quer me ajudar desta vez? Você está com raiva de mim?

Sandra tentava conversar mentalmente com Bia, porém ela se recusava a ouvir qualquer explicação que falasse sobre sua morte. Aproximamo-nos da menina desarvorada e passamos a modificar o campo vibratório que a envolvia. Ela percebeu que algo estava acontecendo e desesperada saiu correndo, gritando e chorando.

Maurício e Ana a acompanharam, enquanto eu fiquei ao lado de Sandra, auxiliando-a a encontrar um pouco de paz.

– Estou aqui, minha amiga. Serene os pensamentos. Hoje é dia de nosso trabalho de desobsessão. Vamos auxiliar a menina a encontrar um pouco de paz. Está bem? Mas você precisa se fortalecer. Está muito abatida.

– Eu sei, mas faz dias que ela está assim, e, por mais que eu tente ajudá-la, ela não me ouve. Cobra insistentemente o auxílio, mas não aceita o resultado de seus atos, que causou seu desencarne. Além do mais, não estou bem de saúde.

– Sabemos disso, mas tenha fé que hoje conseguiremos penetrar essa crosta de amargura que Bia criou à sua volta, e, finalmente, aceitará o auxílio que lhe é necessário. E você, por que também não aceitou auxílio de nossos amigos? Estou percebendo certa irritação de sua parte.

– Ah! Vinícius, estou me sentindo meio esquisita, às vezes não acredito em minha capacidade de trabalho e acabo permitindo determinadas situações que só trazem sofrimento e desconforto. Dessa maneira não consigo ajudar e ser ajudada.

– Sabemos que está vivendo alguns conflitos, mas como você pretende resolver esse assunto? De forma equilibrada ou não? Acredito que já vivenciou muitas situações que a fortaleceram em sua fé e em sua crença no trabalho que faz. Então, o que realmente a incomoda?

– Você tem razão, estou fragilizada por uma única razão, e preciso encontrar meu equilíbrio dentro dessa história.

– Então faça isso antes que a dor seja o motivo do retorno. Já conversamos bastante sobre o caminho do aprendizado; ele é necessário e acontecerá de uma maneira ou de outra, mas o sofrimento é uma opção pessoal.

– Você tem razão, mais uma vez obrigada. Agora, vamos ao que realmente é urgente neste momento. E nosso amigo Rubens? Ele não demonstra melhora alguma e cada dia surge um diagnóstico diferente. Hoje mesmo ele passou mal novamente e a Talita o está levando para o hospital.

– Ainda assim devemos ser pacientes, pois, embora estejam vivendo momentos de bastante insegurança, já possuem entendimento sobre a capacidade de cada um, sobre a fé latente que ganha forma e os sustenta nesta caminhada.

– Tudo o que você fala eu sei, teoricamente, mas estou bastante assustada com essa doença. Eu amo demais esses meninos e vê-los sofrer está muito difícil.

– Já conversamos sobre isso. Você precisa exercitar o que sua avó sempre falou: seja apoio aos que ama, mas não queira solucionar os seus problemas; acredite na bondade do Pai, pois ele não nos desampara nunca. Cada um de nós vai viver o que é necessário. Sabemos de seu amor pelo casal e pelo pequeno Gustavo, mas seja uma pessoa presente, cheia de otimismo e serenidade.

– Por que eu não consigo ver o que acontece com ele? Quando alguém está doente, sempre vejo uma área mais densa e escura ou sinto algum desconforto, mas com ele parece que nem ao menos sou médium. Isso está me deixando insegura. As pessoas confiam em mim e eu não consigo dizer nada.

– Continue unindo todos em benefício do amigo com orações e boas vibrações. E acredite que as informações nos surgem quando são proveitosas.

– Não acho que algo de ruim vá acontecer a ele. Consigo ver os pontos vitais íntegros, e quando alguém está para partir percebo que eles perdem a coloração.

– Por que a irmã se refere ao desencarne como algo ruim?

Após um minuto de silêncio, Sandra respondeu, demonstrando certo constrangimento:

– Você tem razão; acredito que estou misturando as coisas e deixando de refletir sobre os meus próprios sentimentos. Estou vendo tudo muito difícil e isso não é bom.

– São muitas preocupações e interferências, e, se formos analisar o trabalho que executa como médium, podemos até descobrir que está permitindo algum assédio. Dessa maneira você acaba sendo menos produtiva e, digamos, incomodativa. Veja, Sheila está chegando.

Sandra sorriu e agradeceu, comprometendo-se a ter mais firmeza em seus pensamentos, a fim de evitar sofrimentos desnecessários.

Maurício e Ana conseguiram envolver Bia em agradável sensação de paz. Ela agachou-se e adormeceu. Assim, os dois jovens socorristas encaminharam-na a Casa Espírita Caminheiros de Jesus e acomodaram-na em agradável sala de refazimento, esperando os trabalhos de amor daquela noite abençoada.

CAPÍTULO 12

– DEVER DE SER FELIZ –

392. Por que o Espírito encarnado perde a lembrança do passado?
O homem não pode nem deve tudo saber; na sua sabedoria, Deus assim o quer. Sem o véu que lhe cobre certas coisas, o homem seria ofuscado, como quem passa da obscuridade à plena luz. Esquecido do seu passado, permanece mais integrado.[19]

Rachel estava bem melhor e sentia-se mais forte. Apesar da mágoa pela agressão sofrida, no fundo de seu coração bondoso havia perdoado o desvairado pai pela insensatez. Iria receber alta naquele dia e resolveu que pediria aos pais de Airton que fossem à sua casa. Iria colocá-los a

---

[19] KARDEC, Allan. *O Livro dos Espíritos*. Livro II – "Do Mundo Espírita ou Mundo dos Espíritos", capítulo VII – "Retorno à Vida Corporal", item VIII – "Esquecimento do Passado" (N.M.).

par de sua gravidez; estava bastante insegura em relação à reação deles, mas Rogério havia feito com que refletisse sobre o direito que eles tinham de saber que seriam avós.

Ao anoitecer, Rachel pegou o telefone e ligou para a casa de Airton. Esperou um tempo e ninguém atendeu ao chamado. Preocupada, pediu ao irmão que fosse até lá para descobrir se algo havia acontecido.

Logo Rogério estava de volta com a notícia de que Airton havia passado mal no dia anterior e fora internado às pressas. O estado de saúde do rapaz era muito grave, corria risco de morte. Rachel chorou sentida; afinal, o menino era o pai de seu filho. Rogério a abraçou e disse emocionado:

– Não se preocupe, meu bem, você sabe que estaremos ao seu lado. E Airton sabe que você será uma excelente mãe para essa criança. Afinal, não acreditamos na morte como a maioria, não é mesmo?

– Mas ele é tão jovem, Rogério. Ainda não entendo por que uns vivem tantos anos e outros tão pouco, e ainda nascem com problemas tão graves.

– No caso de Airton podemos fazer algumas deduções. Ele nasceu com esse problema, uma deficiência em um órgão tão importante como o coração, porque essa fragilidade já devia existir no perispírito. Para curar uma marca tão grave, nada mais produtivo do que o choque anímico de uma encarnação, muitas vezes breve, mas que é o melhor remédio.

– Então ele sabia que iria morrer cedo?

– Nosso planejamento encarnatório, nessa fase evolutiva em que vivemos, já conta com a nossa aceitação.

– Então será por essa razão que engravidei tão jovem?

Rogério sorriu com compreensão e disse:

– Não, senhora. Isso foi arte sua! Não acredito que existam planejamentos encarnatórios com gestação para mulheres tão jovens! Isso seria irresponsabilidade, e os espíritos que nos auxiliam não são irresponsáveis.

– Então a irresponsabilidade é minha mesmo.

– Agora que já aconteceu devemos nos tornar responsáveis com essa criança que está chegando. E eu já a amo muito, serei um tiozão coruja e ciumento.

– Quero que você e Carol sejam os padrinhos, e Caio também já se comprometeu.

– Sua amiga não é muito jovem para assumir um compromisso como esse? E nós, espíritas, não temos esse ritual. E você chamou Caio também? Quantos padrinhos essa maravilha terá?

– Não precisamos de ritual algum, mas quero que vocês se comprometam com meu filho ou filha, para o caso de algum dia eu não estar mais aqui para cuidar dele. Quero que sejam vocês os responsáveis. Afinal, tenho certeza de que você e Carol vão ficar juntos e o Caio é muito especial.

– Eu já tenho vinte anos e sua amiga só tem treze, você não vê algo errado? Espere um pouco, você é apaixonada pelo Caio?

– Vejo algo errado aí, o preconceito falando mais alto que o amor. Eu sei que você gosta dela e ela de você. E eu gosto muito do Caio, mas, neste caso, eu que sou jovem demais. Quem sabe um dia! Agora tudo está muito confuso.

Rogério abraçou a irmã e disse brincando:

– Com essa sua fala, fiquei envergonhado de verdade. Eu gosto dela sim.

– E ela não tem a minha idade, ela tem quase quinze anos.

– Quinze anos? Como assim?

– Ela ficou muito doente, acho que tinha oito anos; por esse motivo ficou sem estudar dois anos.

– Ah! Então está tudo certo, ela já é uma anciã.

Brincando, Rachel deu um empurrão no irmão e disse:

– Largue de ser palhaço e namore logo minha amiga.

⁂

Deixamos os irmãos nesse alegre convívio e voltamos à Casa Espírita.

Perto das vinte horas, os trabalhadores encarnados começaram a chegar. Entre eles, havia uma genuína amizade. O reencontro semanal era uma alegria, abraços e frases de carinho eram constantes e confortadores, trazendo ao longo da noite resultados positivos e tão necessários ao momento que nosso amado planeta Terra vive.

A prece inicial foi feita, lembrando a necessidade de nosso amigo Rubens e o urgente acolhimento de Bia e de tantos outros espíritos sofredores que para ali foram levados.

A primeira parte do trabalho foi iniciada com a leitura e os comentários de um texto do livro *Pão nosso*, psicografia de Francisco Cândido Xavier e autoria espiritual de Emmanuel. Depois, foi feito um estudo de *O Livro dos Médiuns*. Terminada a parte dos estudos, as portas de entrada da casa foram trancadas, as luzes apagadas, deixando apenas uma suave claridade originada numa lâmpada de cor azul. Um dos membros da equipe fez a prece pedindo autorização ao Pai para iniciar os trabalhos de socorro.

Percebemos que Sandra, envolvida pelos sentimentos conflitantes de Bia, partilhava a mesma forte sensação de cansaço e tristeza profunda, que originava desânimo e depressão.

Desde o desencarne de Bia, Sandra sentia o desespero da jovem, sempre gritando e implorando por ajuda, mas, por mais que se esforçasse, para que ela a ouvisse e entendesse que devia aceitar auxílio e começar uma nova etapa da vida, ela não conseguia entender a sua intenção. Isso estava deixando Sandra bastante ansiosa e triste.

Elevamos o pensamento a Deus e imploramos para que Bia fosse esclarecida sobre o seu atual momento de vida. Sandra, emocionada, pediu que não fosse o instrumento de intermediação para essa comunicação; tentava explicar sobre a incapacidade emocional de lidar com os sentimentos que invadiam sua alma.

Vimos e sentimos o esforço da equipe espiritual que nos assistia, coordenada pelo amigo Ineque. Bia estava amparada e foi posicionada ao lado de outros médiuns de psicofonia, mas rejeitou a ação e voltou desesperada aos pés de Sandra. Aproximei-me amoroso e paciente e a questionei:

– Minha amiga, o que devemos fazer?

Sandra sentiu a urgência e a importância daquele momento e pediu apenas um minuto para se preparar. Colocou-se, então, à disposição do trabalho, da maneira que fosse necessário.

No mesmo instante, nós a auxiliamos a manter o controle emocional e coordenar a comunicação.

Bendito momento de oportunidade; o que vimos e sentimos vai nos acompanhar pelo resto da vida, como a prova do amor e da bondade de Deus, de nossos amigos encarnados e desencarnados.

Vimos a união amorosa de nossa equipe encarnada, a disposição séria em ajudar e amparar aquela companheira. Sentimo-nos seguros e abraçados por mil protetores do Senhor.

A equipe espiritual se movimentava incessantemente, modificando fluidicamente o campo vibratório de Bia. A doação de ectoplasma dos amigos encarnados, somada à energia espiritual ofertada por amigos desencarnados, foi linda de se ver.

Uma intensa massa energética invadiu o campo fluídico da jovem em sofrimento, proporcionando-lhe um momento de paz, no qual ela conseguiu ouvir a fala mansa de um espírito; o carinhoso abraço de outro; a paciência de mais um em falar baixinho em seu ouvido frases que descreviam todo o amor que ela recebia; a fala firme e lúcida de uma doutrinadora que a ajudou a enxergar além de sua própria dor.

Vimos a atenção sublime de nossos amigos, quietos e firmes, de mãos dadas com a oportunidade de mais um momento de carinhoso auxílio.

Finalmente, ela cedeu ao amoroso consolo, ainda sem entender exatamente o que estava acontecendo em sua vida, mas, amparada e mais serena, ela se foi.

Choramos, invadidos por tão intensa emoção, e agradecemos muito a Deus por estarmos junto a amigos tão especiais. Quando acreditamos que já havíamos visto a mais linda cena de nossa vida, admirados, percebemos amorosa equipe médica do plano espiritual trazendo nosso querido amigo Rubens, desdobrado pelo sono reparador.

A percepção de todos nós se ampliou de tal maneira que sabíamos o que estava acontecendo; intensa doação de energia anímica aconteceu. Olhava à minha volta e não conseguia conter a emoção pelo que vivenciava.

Vimos nossos amigos como instrumento de transformação e miscigenação daquela maravilha. Quando toda aquela maravilhosa energia atingiu um ponto máximo, um brilho intenso aconteceu e a luminescência serena e veloz envolveu a todos. Uma grande quantidade desse fluido invadiu o corpo de nosso amigo e ele estremeceu. Percebi, encantado, que aqueles pontos mais escuros no seu perispírito clareavam, propiciando a ele mais um tempo entre nós. Esse tempo era um presente do Pai para que todos se adaptassem a nova realidade.

E eles se foram, levando consigo a esperança, o amor e a bondade, e deixando para cada um de nós amável sentimento de plenitude e felicidade.

Para mim ficou a certeza do que vivi nesses momentos abençoados e a certeza da bondade de Deus, que nos possibilita uma ação direta e eficiente para que possamos realmente acreditar em nossa origem divina.

Por que estou contando com tantos detalhes este caso? Porque ele me transformou; participar desse trabalho de amor despertou em minha mente a certeza de dias melhores e de que nunca estamos sós.

Agora sinto mais confiança nas surpresas que a vida nos prepara, estou mais sereno e consigo olhar à minha volta e entender finalmente que cada um atua nessa beleza de vida do jeito que consegue, então tudo está muito certo. Acredito que consigo até perceber certo ar de felicidade no mundo; afinal, com certeza, ele tem jeito sim, eu vi isso acontecer.

E me lembrei da frase de Robert Louis Stevenson: *Não há dever que tanto descuidemos como o de sermos felizes.*

CAPÍTULO 13

– A VONTADE DE MELHORAR –

395. Podemos ter algumas revelações sobre as nossas existências anteriores?
Nem sempre. Entretanto, muitos sabem o que foram e o que faziam. Se lhes fosse permitido procurá-lo abertamente, fariam singulares revelações sobre o passado.[20]

Dois dias de relativa calma se passaram após o desencarne de César. A família, mais calma, passou a tratar a gravidez de Rachel com mais naturalidade e alegria. Inês sentia-se alegre, como havia muito tempo não conseguia. Fazia planos para a chegada da criança, que já era muito amada.

---

20 KARDEC, Allan. *O Livro dos Espíritos.* Livro II – "Do Mundo Espírita ou Mundo dos Espíritos", capítulo VII – "Retorno à Vida Corporal", item VIII – "Esquecimento do Passado" (N.M.).

Rachel, encantada com o desenrolar dos acontecimentos, sentia certa tristeza ao lembrar-se do desencarne do pai; preocupava-se com seu destino e com como ele estaria após sua passagem de maneira tão traumática. Por essa razão, resolveu procurar Rogério e o questionou sobre o assunto.

– Rogério, tenho rezado muito pelo papai e todas as vezes que penso nele sinto certo mal-estar; chego a ficar meio tonta, como se estivesse perturbada. Como será que ele está?

– Não vou enganá-la, Rachel. Papai é um espírito ainda muito ignorante de sua origem divina. Ainda é embrutecido e, somando o vício do álcool, com certeza não deve estar bem; mas esse bem também é relativo à sua própria compreensão, isso nós precisamos entender.

– Como assim? Bem relativo?

– O que nos parece ruim, devido à nossa compreensão sobre as coisas, para ele pode ser considerado normal e até agradável.

– Você fala sobre o fato de ele beber?

– Também. Você lembra o quanto nós tentamos fazê-lo entender sobre o mal que fazia a si mesmo e a nós quando bebia?

– Lembro.

– Você lembra o que ele falava?

– Que nós gostávamos de estragar a vida dele, querendo que ele parasse de beber, não deixando que fizesse o que gostava.

– Isso mesmo. E nós sabemos que, após o desencarne, continuamos as mesmas pessoas, com os mesmos vícios, as mesmas limitações e as mesmas conquistas morais.

– Então papai continua do mesmo jeito? Tem perigo de voltar para casa e nos perseguir como fazia antes?

– Não sei, menina, não sei. Não o tenho visto por aqui desde seu desencarne. Hoje vou ao Centro Espírita pedir ajuda para ele, mas devemos saber que somente a vontade de melhorar de cada um é que faz diferença nessas horas. E apenas a nossa própria mente permite ou não alguma interferência na nossa vida. Nós devemos orar e desejar a ele que esteja bem.

– Eu sei, mas tenho muito medo dele. Hoje mais ainda, porque tenho essa criança comigo e temo não ser forte o suficiente. Quando você for ao Centro Espírita, peça pelo Airton também. A dona Violeta disse que ele está muito mal.

– Precisamos contar a eles sobre sua gravidez. Você está me enrolando, mas um dia teremos de falar.

– Eu sei, apenas não quero preocupá-los mais ainda.

– Não fale assim, eles são avós da criança e será um presente de Deus para eles, ainda mais nessa situação que estão vivendo.

– Prometo marcar um horário com eles para conversarmos.

– Agora preciso ir trabalhar. Tenha um bom dia e paciência com nossa mãe.

– Ela está bem, sabia? Toda hora vem me perguntar se preciso de alguma coisa e faz carinho em minha barriga.

– Tudo vai dar certo, você verá!

ა ა ა

Resolvemos continuar nossa visita às instalações da Comunidade Berço de Luz. Reunimo-nos na entrada da pequena cidade contando com a agradável companhia de Osório.

– Bom dia, amigos. Gostaria de convidá-los para a entrevista de uma senhora amiga que pretende uma oportunidade de reencarnar.

– E podemos participar? Pensei que era confidencial – falei ao amigo.

– Realmente, a entrevista é confidencial, mas Agda nos autorizou a presenciar este momento. Ela quer incluir em seu planejamento encarnatório a colaboração na educação espiritual de uma comunidade muito carente. E acredita que estará cooperando desde já permitindo a nossa presença, como forma de aprendizado para o trabalho de socorrista.

– Que beleza de compromisso. Que Deus a abençoe em seus propósitos. Agradecemos a boa vontade de todos em nos auxiliar – redarguiu Ineque.

Entramos no grande edifício e, mais uma vez admirado com a beleza do local, comentei:

– O projeto arquitetônico deste edifício foi desenvolvido por um grupo ou partiu da ideia de uma só pessoa?

– O projeto inicial nos foi trazido por um querido amigo que ainda está na matéria. Esse edifício fez parte de sua experimentação e exercício pré-reencarnacionista.

– Que interessante! Ele exercitou essas incríveis linhas arquitetônicas ainda como espírito desencarnado? O objetivo era preparar-se para levar ao mundo material essas formas arrojadas e modificar o estilo artístico usado até o momento? – perguntou Maurício.

– Isso mesmo. E ele conseguiu; hoje, já com bastante idade, é aclamado como um grande artista, que com suas ideias inovadoras ajudou o mundo a enxergar e moldar a matéria de formas mais harmônicas e belas – respondeu Osório.

– E como isso pode modificar o mundo interior das pessoas enquanto encarnadas? – perguntei curioso.

– Ainda precisamos de representações materiais que nos elevem o sentir. Esses momentos de encantamento acabam por nos auxiliar a alçar panoramas mentais mais sutis, que nos levam a reflexões mais profundas – explicou Osório.

– Realmente, tem sentido as palavras do amigo. Podemos citar as maravilhosas sinfonias que quando apreciadas transformam o sentir, e inclusive são usadas para acalmar as grandes feras – comentou Ineque.

– A beleza natural da evolução moral e intelectual acaba se projetando na matéria que a representa, e, como em todos os aspectos de nossa vida ainda somos espíritos imperfeitos, precisamos de modelos mais perfeitos para sermos inspirados no desejo de nos igualarmos e finalmente entendermos novas ideias e sentimentos – falei, admirado com a simplicidade da própria vida.

– Aí está nossa querida amiga aspirante a belo projeto na matéria – comentou Osório nos indicando a senhora que vinha em nossa direção.

Olhei encantado enquanto ela se aproximava de nosso grupo. Feliz, reconheci antiga companheira de labores espiritistas. Sorri, observando sua figura delicada, de porte ereto e respeitoso. O alvo cabelo estava preso atrás da cabeça por um coque discreto e enfeitado por uma fivela, que brilhava sob os raios de sol. A roupa simples, de corte reto e cor azul-claro, era extremamente elegante. Trazia o andar firme, o olhar meigo e um meio sorriso nos lábios, como a nos dizer sobre as belezas da vida, que ela conseguia enxergar. Com os olhos umedecidos por lágrimas de contentamento, estendi os braços e a acolhi em amoroso abraço de saudades.

– Querida amiga, quanta saudade senti na sua ausência! Somente agora percebi. E nosso amigo, o esposo amoroso de sua última encarnação?

– Ah! As belezas de nossas oportunidades sempre me encantaram a vida. Que alegria encontrá-lo aqui em nossa pequena cidade de luz. Quanto ao nosso amigo, continua sua caminhada cristã em busca de respostas para vivências menos dolorosas. Recupera-se do traumático desencarne e acredito que em breve descobrirá a sua própria força divina.

– Pelo que nos disse Osório, você já prepara o futuro na matéria, com produtivos compromissos educativos.

– Realmente, gostaria muito de estar preparada para continuar o trabalho que apenas vislumbramos em nossa última oportunidade. A nossa amada cidade de São Paulo abriga uma grande população carente de valores morais. Apresentarei um planejamento reencarnacionista bastante audacioso, porém estarei amparada por excelentes amigos que dividem as mesmas esperanças que abrigo em meu coração. Mas estamos sendo mal-educados com essa conversa particular, nos esquecendo de seus companheiros!

– Por favor, perdoem minha distração. Essa é uma grande amiga de meu coração; dividimos muitos sonhos e muitas esperanças. Seu otimismo incansável é que nos fortalecia diante das dificuldades encontradas. Esses são Ineque, Maurício e Ana. Quanto a Osório, você já o conhece.

– Conheço sim, ele tem me ajudado bastante nesses momentos de decisões importantes para o futuro. E é um prazer conhecê-los. Sei do valor do trabalho que realizam nesse abençoado mundo. Convido-os a me acompanhar; nossa entrevista deve ter início nos próximos minutos.

Entramos numa sala mobiliada com simplicidade e conforto, que recebia a claridade do dia ensolarado, filtrada por vitrais de cor rosa, que emprestava ao ambiente harmoniosa energia calmante e fortalecia seus ocupantes.

Sentados em poltronas laterais, observamos, admirados, a entrevista que nossa amiga fazia. A entrevistadora era uma senhora de aparência simples e simpática, e sua fala, calma e firme, permitia ao seu interlocutor um momento de empatia.

– Quais as razões que a levaram a buscar esse tipo de planejamento encarnatório?

– Minha última experiência na matéria foi gratificante; tive contato com a Doutrina Espírita e minha mente pareceu ganhar vida e formas mais harmoniosas. Senti uma felicidade indescritível, apesar dos momentos dolorosos que vivenciei. Nunca perdi o contato com a esperança.

– E você atribui esse sentimento à sua aquisição dos ensinos espiritualistas?

– Uma parte sim; são conhecimentos confortadores e lógicos. Procurei assentar meu aprendizado nos aconselhamentos encontrados em *O Evangelho Segundo o Espiritismo*, especialmente no capítulo XIX – "A Fé Transporta Montanhas", item 11 – "A Fé, Mãe da Esperança e da Caridade": *Tende, pois, a fé, com o que ela contém de belo e de bom, com a sua pureza, com a sua racionalidade. Não admitais a fé sem comprovação, cega filha da cegueira. Amai a Deus, mas sabendo por que o amais. Crede em suas promessas, mas sabei por que credes. Segui os nossos conselhos, mas certificai-vos da finalidade de tudo que demonstramos e dos meios que apontamos para atingi-la. Crede, e esperai sem nunca vos enfraquecer. Os milagres são obra da fé.*

A doce senhora fez uma pausa e continuou:

– A outra e mais importante parte desse meu aprendizado foi a disposição de empreender o exercício de autoconhecimento, o que me proporcionou momentos de muita alegria, mas também outros de grande tristeza, pois acabei descobrindo o quão ignorante do Bem Maior ainda era; porém, a fé raciocinada, tão aclamada por Espíritos mais felizes, encontrou lugar perene em minha mente. Eu queria encontrar as causas de minhas dores, as verdadeiras, aquelas que, erradicadas com esforço contínuo e sincero, me tornariam um espírito melhor.

— E em relação aos seus familiares e amigos mais próximos, como foram conduzidas as diferenças inevitáveis nesse processo de reeducação?

— Confesso que em determinadas ocasiões senti-me muito sozinha. Não conseguia desenvolver uma conversa saudável por muito tempo; a maneira de ver os problemas e os momentos de felicidade estavam muito distantes um do outro. Até o momento em que entendi outro aconselhamento de nosso Mestre Jesus sobre o respeito ao próximo em forma de amor absoluto, aceitando as diferenças e entendendo que cada um transita no panorama mental que está preparado para entender. Compreendi que a evolução moral nos deve fazer melhores e não senhores da verdade e ranzinzas de plantão. Aprendi a calar e a sorrir diante de posicionamentos ingênuos ou ignorantes; um sorriso de carinho e verdadeiro entendimento para com o irmão à minha frente.

— O que a faz crer estar preparada para o planejamento a que aspira? Você tem consciência de que deverá renunciar aos prazeres mundanos? De que deverá abraçar a humanidade como sua família e de que não será possuidora de nada, apenas de seus conhecimentos?

– Acredito que posso vivenciar essa encarnação com a qual sonho, pois os bens materiais já não me atraem. Preciso apenas daquilo que é necessário para a manutenção da matéria necessária ao trabalho a ser realizado. Afinal, nossa verdadeira família é a humanidade. Entendendo esse bem maior, sinto-me mais próxima do Pai.

– Você pede a orfandade por quê?

– Sei que a família é uma conquista da evolução humanitária, porém o entendimento de nossa origem divina nos leva a sonhar com a união e a paz entre todos os seres, encarnados e desencarnados, independente de laços sanguíneos. A exemplo de nosso Mestre Jesus, que nos ensinou vivendo entre nós, amando e perdoando, independentemente de quem o interpelasse, quero vivenciar a orfandade, exemplificando a felicidade de ser parte do todo, amando a todos sem importar o parentesco corporal, usando essa experiência como instrumento de educação pessoal e para quem conseguir enxergar além da superfície.

– Uma infância sacrificada, sem os direitos normais a uma família que possa apoiá-la, não traria mais malefícios que benefícios?

– Serei amparada por uma instituição espírita. Uma querida amiga me precede na matéria com o compromisso de auxiliar-me por meio de um contato amigo e confiante. Terei ao meu lado um amoroso amigo que se comprometeu a ser meu guia espiritual, e ainda tenho um bom tempo para preparar-me para o momento tão esperado.

– No desenvolver dessa encarnação você atuará como missionária da humanidade, levando o conhecimento do perdão e do amor por meio de trabalhos assistenciais, materiais e espirituais. Compromete-se ainda com uma mediunidade ampla, que deverá desdobrar-se em psicografia e oratória. A irmã sabe que esse tipo de trabalho gera uma renda material, às vezes bastante significativa. Qual será o destino desses proventos?

– A manutenção de um centro de educação, totalmente gratuito, e também a adoção de algumas crianças que porventura surjam pelo caminho.

– Você está preparada para sublimar a vaidade por ser uma figura pública e com ganhos materiais significativos?

– Espero que sim!

– Você tem alguma dúvida?

– Tenho sim, mas também disposição em vencer as minhas próprias limitações morais por meio de um trabalho constante de vigiar os meus sentimentos e desejos. Sei que as facilidades materiais e a fama são provas difíceis, que espero superar em benefício próprio, para que no futuro possa ser um espírito de melhor valia à humanidade.

– Muito bem. Vamos avaliar o seu pedido e logo você será informada da data da nova entrevista. Desejo que possa realizar esse planejamento encarnatório.

– Obrigada por sua atenção, vou esperar o chamado com muita esperança em meu coração.

Amável, a entrevistadora a abraçou e ela se despediu de nós com um aceno discreto.

Saímos da pequena cidade. Ineque nos convidou para visitar o submundo espiritual, mais especificamente uma cidade umbralina, localizada nos portais dos abismos dolorosos, denominada Caos Profundo, que abriga a colônia reencarnacionista, a Origem de Fogo.

Dirigimo-nos para lá e logo à entrada da peculiar cidade encontramos Cipriano, que nos recepcionou com um sorriso cínico nos lábios.

– Sejam bem-vindos. Vejamos se aprovam o trabalho que aqui realizamos.

CAPÍTULO 14

– ORIGEM DE FOGO –

396. Certas pessoas julgam ter uma vaga recordação de um passado desconhecido, que se lhes apresenta como a imagem fugidia de um sonho que em vão tentam fixar. Não será isto uma ilusão?
Por vezes é real. Muitas vezes, entretanto, é uma ilusão, contra a qual é necessário pôr-se em guarda, pois que poderá ser o efeito de uma imaginação superexcitada.[21]

Agradecemos a Deus a oportunidade de estarmos aqui, neste bendito local de aprendizado. Conforme caminhá-

---

21 KARDEC, Allan. *O Livro dos Espíritos*. Livro II – "Do Mundo Espírita ou Mundos dos Espíritos", capítulo VII – "Retorno à Vida Corporal", item VIII – "Esquecimento do Passado" (N.M.).

vamos por aquele lugar sombrio, mais e mais acreditava na bondade do Pai, que nos permitia sofrer para enxergar além das névoas profundas que acabam por toldar nossa visão do sol.

Descíamos uma rua esburacada e íngreme, ladeada de casebres imundos, onde podíamos observar a dor latente do desequilíbrio. Ouvíamos lamentos e impropérios a nossa passagem e corpos disformes se arrastavam na lama em busca de socorro.

Cipriano olhou para Fábio e perguntou de maneira ríspida:

– Não tem nenhum comentário a fazer sobre a forma de meu governo?

– No momento não. Estou aqui apenas como seu convidado e para observar, como o amigo nos alertou.

– Você está sendo diplomático. Consigo até mesmo ouvir as críticas ferrenhas; mas, ao contrário do que possa pensar, elas me agradam, pois sei que o desagrada a maneira como dirijo o local.

– O irmão está enganado; não formulo críticas à sua maneira de enxergar a vida, compreendo que apenas enxergamos o que está a nosso alcance. Eu o respeito pelo trabalho feito em benefício de suas afinidades.

Cipriano riu alto de maneira debochada, olhou para Fábio e falou:

– Ainda mantém a pose, apesar de estar aqui sob o meu comando – aproximou-se do rosto de Fábio, afrontando-o.

Fábio abaixou os olhos e falou mansamente:

– Sou apenas mais um trabalhador do Pai; o que me for destinado neste momento, viverei com amor.

Cipriano o olhou e voltou a rir alto. Apenas oramos em benefício do irmão equivocado em sua própria dor.

Chegamos ao fim da rua, que se abria em uma praça central com um edifício assobradado de grande porte. A entrada era franqueada por entidades gigantescas, que portavam armas apoiadas nos ombros. Acima do portal de entrada havia uma grande placa onde estava gravado em estranho material sempre em movimento, semelhante à lava incandescente: Origem de Fogo.

Atravessamos o estranho pórtico e a sensação era de estarmos atravessando paredes, tão densa a energia que envolvia a tudo. Cipriano ia à nossa frente; vez ou outra olhava para trás e sua expressão era de escárnio e ódio.

– Agora estamos entrando na área destinada a reuniões importantes entre os comandantes dos vales profundos. Aqui decidimos quem vai renascer para o mundo material e qual será a sua função, sempre de acordo com as necessidades dos grandes grupos de ação junto às comunidades encarnadas.

– E quais seriam os planejamentos encarnatórios que consideram mais importantes? – questionei nosso interlocutor.

– No momento preparamos um grupo para engrossar as fileiras de líderes religiosos e políticos. Interessa-nos também a área de educação e os astros da moda que ditam comportamentos sociais, principalmente para a juventude – respondeu Cipriano, olhando-nos com a intenção de captar nossa reação diante daquela informação que acabava de nos dar.

– E quem são os espíritos que aspiram a essa oportunidade? São voluntários? – inquiriu Ineque.

Cipriano olhou-nos com malícia e, gargalhando, respondeu:

– Aqui não precisamos de voluntários. Analisamos currículos, o que nos livra da perda de tempo; não contamos com o acaso.

– E o que procuram nesses currículos? – questionou Maurício.

– Características de personalidade, fatos vividos em outras oportunidades, mas, principalmente, a disposição em lutar por nossa causa – completou o triste irmão Cipriano.

– Poderia dar-nos um exemplo? – questionou Ineque.

– Preparamos um espírito por mais de meio milênio. Sua função seria fundar uma ordem religiosa, bastante atraente para os que ainda necessitam de respostas prontas às suas dúvidas sem raízes, aqueles que estão sempre em busca de milagres. Ele reencarnou algumas vezes sempre em treinamento. Voltava ao nosso plano e para a nossa cidade até estar preparado para os propósitos definidos pela casta de alta ordem. Nos dias atuais, ele congrega milhões de seguidores cegos, já arrecadou fortunas livres de impostos, tornou-se um cidadão famoso e agora prepara outros que passaram por nossas escolas e que estão sendo destinados à vida pública, fortalecendo assim nossa causa – defendeu Cipriano.

– Então, o objetivo principal é atrasar o processo de evolução da humanidade? – perguntei.

– Atrasar, não, e sim invalidar. O planeta pertence a nós e não permitiremos exílio àqueles que defendem nossa causa. Vocês são hipócritas, falam sobre liberdade de pensamento e tentam nos impingir uma sociedade futura que rejeitamos – respondeu a criatura com rebeldia.

– Esse é o processo evolutivo natural em todos os mundos; o irmão não conseguirá impedi-lo por meio de uma crença pessoal. Ele acontecerá com naturalidade, pois cada um dos habitantes do planeta acabará exigindo mais liberdade, porque perceberá que continuar ignorante de sua própria origem apenas vai mantê-lo como sofredor.

– Isso nós veremos! – disse Cipriano.

– Após a análise dos currículos, como acontece a preparação? – perguntei.

– Quando há mais de um candidato, todos são preparados, e o que se sair melhor é escolhido. Quanto aos outros, serão enviados como seguidores e aprendizes, para em determinado momento se tornarem dissidentes dessa ordem e formarem um novo núcleo de ação, de forma a expandir ainda mais a nossa influência sobre a humanidade – falou Cipriano.

– E se o escolhido se recusar a terminar o que foi determinado? – perguntou Ineque.

– Vocês ainda não entenderam que aqui não existe escolha; após a determinação feita, o processo será completado à revelia da confirmação ou não. Se ele se rebelar, acabará implorando para ser aceito novamente, pode ter certeza – concluiu Cipriano.

– Você fala de tortura? – perguntei com tristeza.

– Pode chamar como quiser. Nós apenas procedemos a uma reeducação do espírito para que ele se lembre de seu compromisso com a nossa comunidade – falou Cipriano com naturalidade.

– E a família do reencarnante saberá de sua origem relativa? – perguntou Maurício.

– Por que relativa? Você acredita que o seu povo tem algo a ver com nosso trabalho? – questionou Cipriano demonstrando certo descontrole.

– Percebo que o irmão já conhece a respeito desse aspecto – afirmei com suavidade.

– Vocês são muito prepotentes, até aqui entre nós, vendo com os próprios olhos o nosso trabalho, ainda assim querem o mérito para vocês. A visita terminou, eu os convido a se retirarem de nossa cidade – finalizou o irmão.

Agradecemos a ele a bondade de nos permitir essa excursão e voltamos à Casa Espírita Caminheiros de Jesus.

– Fábio, o que está acontecendo? Você está muito quieto e noto certa tristeza em seu olhar – perguntei ao amigo, que até mesmo durante nossa caminhada pela cidade do Caos Profundo mantivera calado.

– Consegui recordar algumas coisas de minha convivência com Cipriano, mas são informações gerais, nada muito específico; porém hoje, caminhando pela cidade e depois dentro do edifício que abriga a Origem de Fogo, tive algumas recordações, ainda fugidias e confusas, mas certamente vividas por mim, como um dos comandantes daquela comunidade. Isso acabou por abstrair-me das informações que recebíamos. Além disso, conheço cada uma das etapas que são estipuladas para terminar em uma reencarnação tão improdutiva – informou Fábio.

– E isso o está incomodando? – questionei.

– Um pouco, mas sei também que sou um espírito que aprendeu muito. Descobri que posso ser racional em minhas escolhas, sem perder a minha essência divina.

– Isso é o que importa nesses momentos de recuperação moral, que são oportunidades de refazer um caminho tortuoso. Venha!

Chegamos na hora das orações vespertinas, uma oportunidade de agradecer aquele momento que vivíamos naquele mundo de felicidade. Convidei o amigo.

A prece foi feita por abnegado trabalhador da casa, que, emocionado, elevou os olhos e a mente aos céus:

– Pai Amoroso de oportunidades, agradecemos este momento abençoado que nos permite comungar objetivos e esperanças. Hoje, no trabalho redentor de socorro, sentimo-nos confortados por sermos capazes de dedicar nosso tempo em forma de amor e perdão. E vos imploramos o auxílio benéfico da educação, que nos fará mais aptos a entender o mundo em que laboramos, a permitir ao irmão na retaguarda a mesma oportunidade com a qual estamos sendo abençoados. Agradecemos a vida eterna que nos permite entender a extensão do nosso compromisso amoroso, nas diversas formas de viver e aprender. Agradecemos, oferecendo à humanidade ainda tão carente de amor e paz, a oração em excelência de amor: Pai-Nosso.

CAPÍTULO 15

– O QUE TEMOS PARA VIVER –

397. Nas existências corpóreas de uma natureza mais elevada que a nossa, será mais precisa a lembrança de existências anteriores?
Sim, à medida que o corpo se vai tornando menos material, mais facilmente o Espírito se recorda. A lembrança do passado é mais clara para os habitantes dos mundos de ordem superior.[22]

Chegando ao Centro Espírita na cidade do Rio de Janeiro, a pedido de nosso amigo Fábio, encontramos Caio e Rogério conversando.

– Como está Rachel?

---

22 KARDEC, Allan. *O Livro dos Espíritos*. Livro II – "Do Mundo Espírita ou Mundo dos Espíritos", capítulo VII – "Retorno à Vida Corporal", item VIII – "Esquecimento do Passado" (N.M.).

– Bem melhor, ela está se recuperando da cirurgia rapidamente. E a criança também está muito bem, existe apenas uma pequena dúvida sobre o sistema cardíaco, mas o médico nos tranquilizou dizendo que se for necessário será feita uma pequena intervenção cirúrgica corretiva, ainda no útero.

– Airton, o pai do bebê também tem problemas cardíacos, não é?

– Tem sim, e está muito mal. Há dois dias a visita foi liberada para os membros da família, pois ele pode vir a desencarnar a qualquer momento.

– E como Rachel recebeu as notícias?

– Sobre Airton, já esperávamos. Ela está triste, mas conformada; além disso parece gostar dele como amigo e não como namorado. Quanto ao problema cardíaco da criança, ela ficou bem fragilizada.

– Foi devido à internação que o problema foi detectado?

– Exatamente, ela ainda não tinha iniciado o pré-natal.

– Isso foi bom. Sempre há algo positivo em tudo o que vivemos, só precisamos ficar atentos.

– Engraçado, nós trabalhamos por aqui, juntos, há alguns anos e somente agora descobrimos que nossas irmãs são amigas, ou melhor, que podemos estreitar essa amizade para toda a família.

– Carol vem às terças e sextas-feiras, e nós aos sábados. Acredito que foi isso o que aconteceu. Mas agora ela deve se integrar ao nosso grupo, pois já tem quase quinze anos.

– Que bom! Rachel falou que ela é mais velha e que está na mesma sala porque esteve doente, é isso?

– Aos oito anos ela ficou muito doente e meus pais optaram por dedicar os esforços necessários à sua recuperação, pois nos estudos, com certeza, ela se recuperaria.

– O que houve com ela?

– Ela teve lúpus eritematoso sistêmico juvenil.

– O que é isso?

– É uma doença autoimune, em resumo, uma inflamação que pode atingir o corpo todo e é crônica. No caso de Carol, atingiu os rins e o pulmão, além da pele, em forma de eritema.

– E como a doença teve início?

– Ela começou a ter febre alta por muito tempo; deixou de comer; perdeu muito peso; tinha dificuldade de articulação e apareceram os eritemas. Na época, o pediatra pediu que meus pais a levassem a um reumatologista, daí começou o tratamento clínico.

– A causa da doença foi descoberta?

– Não há uma causa específica. É um diagnóstico relativamente novo, mas que tem atingido muitas pessoas.

Algumas causas podem ser apontadas, mas nada que seja comprovado.

– E quais seriam essas causas?

– Hormonais, principalmente as relacionadas ao estrogênio; imunológicas, infecções por vírus ou bactérias; emocional; uso de medicamentos anticonvulsivantes e anti-hipertensivos, e muitas outras de que não me recordo agora.

– E como é o tratamento?

– Basicamente à base de corticoides. Mas também são usadas outras substâncias como cloroquina e anti-inflamatórios, ciclofosfamida, azatioprina etc.

– Você falou que é uma doença autoimune. Isso também tem sido bastante comum como diagnóstico, não é?

– Realmente, nunca tinha ouvido falar. Depois que Carol ficou doente, conheci várias pessoas que apresentam esse tipo de enfermidade.

– Ontem eu estava conversando com um amigo médico e ele contou-me que abordou essas doenças autoimunes em um congresso.

– Gostaria de ter informações sobre isso sob o ponto de vista espírita. Esse seu amigo médico é espírita?

– É sim, podemos conversar com ele e pedir que prepare uma palestra sobre o assunto.

– Posso lhe fazer uma pergunta pessoal?

– Pode sim. O que é?

– Você gosta de minha irmã?

Rogério enrubesceu e passou as mãos pelo cabelo. Disse com certo constrangimento:

– Por que todo mundo me faz essa pergunta?

– Quem lhe perguntou isso? – questionou Caio sorrindo da expressão do amigo.

– Minha irmã. Ela pediu que eu namorasse logo a Carol porque queria que fôssemos os padrinhos da criança que está esperando.

– Que danada! Ela disse que eu seria o padrinho.

– Agora quem vai fazer um comentário particular sou eu. Eu acho que você vai ser o pai de meu sobrinho.

– Pai? Sobrinho?

– Isso mesmo, ou você acredita que eu não vi o seu sofrimento quando ela foi internada para a cirurgia? – falou Rogério sorrindo da confusão que Caio fez para responder.

– Está bem, então seremos cunhados em dobro.

જ જ જ

Cipriano observava os dois conversando e, inconformado, não entendia a razão de não conseguir invadir o campo vibratório de ambos. Aproximei-me e falei com mansuetude:

– A verdadeira moral nos serve como proteção ao mal, que, embora seja apenas aparente, leva-nos ao sofrimento, principalmente o agente da dor. Acredite, Cipriano, somos criaturas divinas, inclusive você!

Ele apenas olhou nos meus olhos e foi embora com os passos pesados e a mente confusa pelas sensações experimentadas.

Maurício emocionou-se ao observar aquela cena de amizade, que acabou despertando na mente conturbada de Cipriano algumas interrogações importantes. Por esse motivo me questionou:

– Será que estivemos tão próximos à loucura como Cipriano? Percebo que ele faz um esforço enorme para manter as lembranças, mas é tudo muito confuso em sua mente.

– Ah! Os caminhos do Pai, tão incompreendidos por nós, que queremos soluções fáceis ou mesmo prontas; desejos satisfeitos, embora não saudáveis. O que nos mantém presos a esses panoramas doentes é apenas o nosso orgulho, que se manifesta de maneira agressiva, violando nossos próprios direitos. Este momento que observamos Cipriano viver toca-nos profundamente o coração, pois, com certeza, o temos vívido em nossas lembranças, embora ainda obscurecido pela razão, que nos poupa uma sobrecarga enorme de sentimentos menos produtivos – respondi.

– Não nos lembramos de todos os nossos feitos por uma questão de autopreservação, não é? O conhecimento do que está fazendo, embora obscurecido pela razão, é o que acaba por levar à mente de Cipriano esse conflito que o incomoda? – perguntou Maurício.

– Sofremos o mesmo processo, com certeza. Em situações diversas ou mesmo semelhantes, o que importa realmente é a utilidade que daremos a essas novas formas de sentir. Continuaremos teimosos e orgulhosos resistindo a nossa recuperação em busca da felicidade ou cederemos com carinho a esse novo momento, aproveitando para aprender um pouco mais e modificar o rumo de nossa caminhada – completei meu raciocínio.

– Quando conversamos sobre esse exercício de viver melhor, parece-me tudo bem mais fácil – completou Maurício.

– Ah! Meu amigo, a teoria é sempre mais fácil do que o exercício; mas não há condições de exercitar sem teorizar antes – comentei animado.

– Então está tudo certo.

– Boa tarde, amigos! Trago notícias de Rubens. Ele voltou a ser sedado, está com hemorragia grave e os tumores estão se multiplicando, principalmente no pulmão.

O caso se agrava; precisamos auxiliar nossos amigos – falou Ineque.

– E a esposa dele, como está? – perguntei com preocupação.

– Bastante abatida; ela acaba de pedir ajuda a Sandra, que já está a caminho do hospital – respondeu Ineque.

Reunimos nosso grupo de trabalho e nos dirigimos ao hospital onde nosso companheiro de trabalho estava internado.

Eu e Ineque entramos na Unidade de Terapia Intensiva onde Rubens estava deitado com o corpo material sedado, muito pálido e magro. Observamos o comprometimento grave de vários sistemas orgânicos e olhamos para nosso amigo em desdobramento. Seus olhos eram tristes, mas sua expressão dócil denotava aceitação do sofrimento momentâneo.

– Como você está? – perguntei ao amigo demonstrando minha preocupação.

– Relativamente bem; sinto-me meio confuso com tudo o que está acontecendo. Estou muito preocupado com a Talita e o Gustavo – falou Rubens.

– A sua melhora de alguns dias trouxe algumas esperanças de cura, apesar de eles saberem da gravidade do seu caso. Mas esses momentos de calmaria foram necessários; você sabe disso, inclusive solicitou um pouco mais de tempo por aqui, justamente para a adaptação de seus entes queridos a uma nova realidade.

– Sei disso, mas hoje estou questionando a validade desse pedido. Não teria sido mais fácil para eles a minha partida há uma semana?

– Ah! Meu amigo, os nossos "se" da vida! Questionamos o ontem vivendo o hoje. Quando as coisas se encaminham de maneira mais equilibrada e serena, acreditamos ter acertado, mas quando os acontecimentos nos saem do controle... aí vem o "se"; mas não contamos com a nossa impotência diante dos sentimentos alheios ao nosso controle; além do mais, você precisa entender que a situação vivida nesses momentos por si só já traz os seus traumas – refleti com carinho.

– Mas não esqueça que todos os envolvidos estão preparados para viver esses momentos; o equilíbrio será conseguido à medida que exercitarem a mente nessa aceitação – completou Ineque.

– Inclusive eu mesmo. Apesar de estar ciente de que tudo acontece conforme minha própria escolha, as consequências que vou viver estão me assustando bastante. Percebo que a teoria é bastante diferente da prática – comentou Rubens, começando a chorar emocionado, e prosseguiu: – Não sabia como seria difícil me afastar da Talita e de meu filho. Enquanto estava bem tinha receio de não conseguir acompanhar o crescimento do Gustavo, sentia insegurança quanto ao futuro; no fundo, sabia que meu tempo seria curto, mas curti muitos sonhos e fiz muitos planos.

– Essa é a função da vida; temos alguns sentimentos que nos falam de nosso futuro; afinal, estamos encarnados, mas não afastados de nossa essência. Sublimar essas sensações e continuar com esperança faz parte de nosso treinamento como seres eternos – comentei olhando com carinho as lágrimas que escorriam abundantes pelos olhos de nosso amigo.

– A teoria eu sei, mas fazer esse exercício está difícil. O que mais me incomoda é a certeza do sofrimento da Talita. E minha mãe que ainda não tem noção do que realmente está acontecendo? Quando me aproximo de meu pai sinto que sofre muito e não sabe lidar com isso. E meus irmãos, que lidam com suas limitações, como receberão essa notícia tão triste?

– Cada um tem seu momento de aprendizado. Sua mãe é forte e tem superado muitas coisas que a fizeram sofrer; por essa razão, a seu modo, está evoluindo. Seu pai também aprende; ele tem se modificado muito e a duras penas; à sua maneira, manifesta seus sentimentos. Seus irmãos não fogem à regra da evolução. O que precisamos entender é que não é porque não compreendemos que está errado – falou Ineque.

– Preciso ficar mais calmo e aceitar melhor o futuro, apesar de ele não ser nada parecido com o que gostaria de viver – falou Rubens.

– A hora da visita está se aproximando. Procure estar bem emocionalmente. Você sabe que sua esposa está em sintonia quase perfeita com você. Sandra virá com ela – informei ao amigo.

– Sinto que ela está bastante confusa – comentou Rubens.

– Ela tem vivido muitos problemas nos últimos tempos, está emocionalmente exausta. Gosta muito de você e o tem como filho; apesar de perceber qual será o fim dessa história, está negando o que vê. Procura justificar de outra maneira o que percebe. Neste momento, ela necessita desse comportamento de autodefesa, mas sabe o que acontecerá – expliquei com carinho.

– Ela precisa saber o quanto já fez por nós. Nos momentos mais difíceis ela nos ajudou, de uma maneira ou de outra, a encontrar soluções – falou Rubens.

– Ela sabe disso, mas ouso dizer que sofre mais com o sofrimento de vocês do que com qualquer coisa que já vivenciou. Além do mais, ela tem conhecimento de que mais tarde terá de passar tudo para um livro, e isso também a tem incomodado – falou Ineque.

– Não deve ser fácil viver o que ela tem para viver – comentou Rubens.

– Não é difícil também; afinal, faz parte das experiências que solicitou. Acredite, ninguém assume um compromisso desses sem estar muito bem preparado. As reminiscências acabam acontecendo, mas isso também é uma prova a ser superada. Oremos para que os próximos momentos possam ser proveitosos a todos nós – falei, percebendo a movimentação na entrada da Unidade de Terapia Intensiva.

CAPÍTULO 16

– O PODER DO AMOR –

398. Sendo as tendências humanas uma reminiscência do passado, segue-se que pelo estudo acurado dessas tendências o homem poderá conhecer o gênero das faltas que cometeu?

Sem dúvida, mas até certo ponto; é preciso considerar a melhora que o Espírito obteve durante o tempo em que esteve desencarnado e as resoluções que então tomou. A existência atual pode ser muito melhor que a anterior.

398-a. Pode ela ser pior? Por outras palavras, pode o homem numa existência cometer faltas não cometidas na precedente?

Isso depende de seu progresso. Se não souber resistir às provas, poderá ser arrastado a novas faltas, que são a consequência da posição por ele escolhida. Mas em geral tais faltas denotam antes um estado estacionário do que retrógrado, desde que o Espírito pode avançar ou estacionar: jamais recuar.[23]

---

[23] KARDEC, Allan. *O Livro dos Espíritos*. Livro II – "Do Mundo Espírita ou Mundo dos Espíritos", capítulo VII – "Retorno à Vida Corporal", item VIII – "Esquecimento do Passado" (N.M.).

Parentes e amigos dos internados naquela bendita casa de socorro entravam ansiosos e tristes e dirigiam-se aos leitos ocupados por seus tutelados do amor. Notávamos as expressões de expectativa, os olhares aflitos em busca de sinais de melhora. Aos poucos, as pessoas se acomodavam em volta dos doentes.

Talita e Sandra se aproximaram emocionadas; logo percebemos que haviam notado nossa presença e de boa vontade se propuseram à leitura de um trecho de *O Evangelho Segundo o Espiritismo*, que falava sobre a paciência. Ao abrir o admirável livro, aleatoriamente, Talita sorriu e olhou para Sandra:

– Novamente a paciência. Desde que ele ficou doente, essa lição aparece para ser lida; acho que ainda não entendemos.

Rubens sorriu e nos falou:

– Também tenho pensado assim; leio e releio essa lição e logo ela torna a aparecer.

Amoroso, Rubens se aproximou de Talita, fechou os olhos e procurou absorver cada palavra que ela leu:

A dor é uma bênção que Deus envia aos Seus filhos. Não vos aflijais, portanto, quando sofrerdes, mas, ao contrário, bendizei a Deus Todo-Poderoso, que vos assinalou pela dor aqui para a glória no Além.

Sede pacientes, que há também caridade em ser paciente, e deveis praticar a lei de caridade ensinada pelo Cristo – o enviado de Deus. A caridade que consiste na esmola concedida aos pobres é a mais fácil de todas, mas há uma bem mais difícil, e, por conseguinte, mais meritória, que é – perdoar àqueles que Deus lançou no vosso caminho para serem os instrumentos das nossas provações e porem em prova a vossa paciência.

A vida é difícil, bem o sei, porque se compõe de mil nadas, que são como arranhões de espinhos, que acabam por nos ferir: mas, é preciso encarar os deveres que nos foram impostos, as consolações e compensações, que obtemos de outro lado, e então veremos que os benefícios são mais numerosos que as dores. O fardo, quando se olha para cima, parece menos pesado do que quando se curva a cerviz para o chão.

Coragem, amigos, o Cristo é o vosso modelo! Ele sofreu mais que ninguém, e no entanto não tinha mácula alguma, ao passo que vós tendes o passado a expiar e o futuro a modificar. Sede pacientes, sede cristãos: esta palavra resume tudo (Um Espírito amigo, Havre, 1862).[24]

---

[24] KARDEC, Allan. *O Evangelho Segundo o Espiritismo*. Capítulo X – "Bem-aventurados os Mansos e Pacíficos, item 7 – "A Paciência" (N.E.).

Enquanto Talita fez a leitura, Sandra dedicou-se ao passe magnético. De olhos fechados, observou a movimentação dos presentes ao ambiente de refazimento. Confusa pelos sentimentos que estava experimentando, fixou a mente nos pontos vitais ainda presentes como ligação entre a matéria densa e a matéria sutil, que mantinha nosso querido amigo preso àquele corpo. Notou que esses pontos estavam mais estreitos, mas com coloração viva. Mentalmente, questionou o porquê. Pela iminência do desencarne de Rubens, esclareci:

– As experiências de diversas formas acabam se desenrolando da maneira como se sente aquele que vive o momento. Quanto mais consciente do que estamos experimentando, menos necessidade do sofrimento, pois acabamos auxiliando de maneira lúcida e tornando os acontecimentos do tamanho que nos cabe vivê-los.

– Você não respondeu minha a pergunta – concluiu Sandra.

– Rubens vivencia a partida sabendo que continuará mais vivo que antes. Reflita sobre como essa postura se reflete no todo.

Talita se aproximou do corpo de Rubens e acariciou seus cabelos. Falou baixinho, incentivando-o a lutar pela vida. Notamos o conflito interior dela, pois sua vontade era arrancá-lo daquela cama e levá-lo consigo; mas o amor profundo que nutria pelo marido forçava-a a ser complacente com as necessidades dele; sabia que o tempo expirava para eles naquela encarnação e queria que o amado partisse em paz, sabendo que, de uma forma ainda a ser descoberta, ela ficaria bem. Aproximamo-nos de nossa amiga e a envolvemos em vibrações de paz. Ela levantou os olhos para Sandra e questionou mentalmente:

– Está no fim?

Sandra, com os olhos tristes, apenas acenou afirmativamente com a cabeça, para em seguida postar as mãos sobre o corpo adoentado e voltar a orar com fervor em benefício do amigo querido, um filho do coração. Notamos também pensamentos conflituosos por parte dela, que orava pedindo a Deus o melhor para Rubens, mas ao mesmo tempo questionava qual seria esse destino.

Terminado o horário de visita, auxiliamos Rubens a adormecer por um tempo, pois ele estava exausto e emocionalmente fragilizado. Sentia as vibrações de amor que recebia, e, ao mesmo tempo que agradecia e era fortalecido por elas, também tomava consciência do que estava perdendo como encarnado. Isso o maltratava sobremaneira, mas precisava controlar-se para não se agarrar a ela e fugir daquele lugar. Adormecido, entregamos Rubens nas mãos de nosso companheiro Inácio.

Descemos à recepção do hospital, onde amigos do casal estavam reunidos em benefício do amigo amado. Contamos cinquenta e três pessoas, incluindo o médico que o atendia. Intuímos Sandra para reuni-los em uma prece de amor por todos que ali estavam sofrendo a iminente partida de Rubens.

Novamente *O Evangelho Segundo o Espiritismo* foi aberto e o mesmo item sobre a paciência foi lido. A comoção geral, o amor, que fluía espontâneo e límpido, criaram em volta do grupo uma intensa camada de energia fortalecedora e confortadora, que se expandiu mais e mais, para, em seguida, explodir em mil cores e se espalhar por todos os leitos ocupados daquele hospital. Percebemos que aqueles que estavam mais receptivos a essa doce vibração respiravam aliviados da dor material.

Emocionados, unimo-nos a eles e passamos a auxiliar os doentes naquele bendito momento em que puderam absorver com mais facilidade vibrações benéficas que adquiriam características necessárias à recuperação de cada um.

Após essa movimentação de amor, voltamos a nos reunir ao grupo de amigos, agora mais reduzido, que ainda permanecia nas instalações hospitalares.

Maurício juntou-se a nós e, olhando nos meus olhos, perguntou:

– Percebo que está muito emocionado; poderia partilhar comigo essa experiência?

Contei a ele o adorável momento de união amorosa que presenciara, e comentei:

— Se a humanidade soubesse o poder que temos quando verdadeiramente nos dedicamos ao amor, o sofrimento seria erradicado de nosso planeta como se fosse mágica pura.

— É, meu amigo, a mágica do amor! Aquela que nos foi presenteada no momento de nossa origem – comentou Ineque.

Sandra, que acompanhava nossa conversa em silêncio, fechou os olhos e nos perguntou:

— Ele está mesmo de partida, não é?

— Deixemos a cada dia a sua própria movimentação, minha amiga. Vamos viver esse momento que acabamos de presenciar, pois ele é a prova da bondade de Deus. Sossegue a sua mente, sua saúde física já é bastante frágil. Não sobrecarregue seu sistema nervoso querendo viver o futuro sem nem ao menos saber qual será – respondi, aproximando-me dela e transferindo vibrações amorosas que a fortaleceram naquele momento.

— Obrigada. Saberemos o porquê de tudo isso?

— Uma parte da história vocês já conhecem, por meio dos trabalhos de desobsessão, quando lhes foi permitido algumas lembranças necessárias do passado. Veremos quais são os desígnios do Pai; agora viva intensamente cada sentimento, com o equilíbrio e a lucidez de sua serventia. Vocês devem retornar às suas casas e descansar – completou Ineque.

Sandra convidou todos a retornarem às suas casas; os amigos se despediram ainda emocionados e já comprometidos a voltarem no dia seguinte.

Aproveitamos o descanso de todos e voltamos à cidade do Rio de Janeiro. Fábio nos chamou com novidades sobre o caso de Rachel.

– Boa noite! Quais as notícias? – perguntei a Fábio.

– Rachel sentiu-se mal e logo percebemos a presença de Cipriano ao seu lado. Rogério e Inês levaram-na à emergência do hospital. Precisamos auxiliá-los.

Imediatamente nos dirigimos ao local indicado por Fábio. Logo à entrada do setor de maternidade, notamos intensa movimentação de espíritos arruaceiros que provocavam desordens no ambiente. As pessoas que ali aportavam em busca de socorro mostravam-se irritadas e ansiosas.

Identificamos a família de Rachel sentada em um sofá aguardando atendimento. Carol e Caio entraram no prédio com expressão de preocupação.

– Olá, Rachel. Boa noite, Rogério e dona Inês. Como você está? – Carol perguntou dirigindo-se à amiga.

– Estou me sentindo muito mal, não sei ao certo o que é. Sinto enjoo, muito frio, e parece que a minha barriga vai estourar – falou Rachel com voz enfraquecida.

– Você está com dores? – questionou Caio.

– Não, e isso é estranho, porque, apesar de não ter dores, sinto muito desconforto na barriga. Minha mãe falou que podem ser contrações. Estou com muito medo.

Caio e Fábio entreolharam-se, afastaram-se das mulheres e trocaram algumas ideias:

– Desde que Rachel começou a passar mal, vejo uma sombra ao seu lado, parece uma mulher agachada segurando a barriga. Não tenho certeza, a imagem não está nítida – afirmou Rogério.

– No momento em que você me ligou, senti algo parecido. Uma sensação muito forte de desespero. E agora, ao entrar aqui, percebi um grande número de espíritos malévolos presentes, que me insultavam à medida que me aproximava de vocês. Carol agarrou minha mão com força e falou que estava com medo. Eu trouxe o *Evangelho*, como você pediu. Vamos fazer uma prece? – falou Caio.

Os rapazes voltaram para perto das mulheres e as convidaram a uma prece petitória. Enquanto isso, passamos a acompanhar um grupo de trabalhadores da casa de saúde e nos dirigimos à multidão de necessitados que nos aguardavam.

Cipriano nos vigiava ostensivamente, e, conforme a fileira de seus seguidores enfraquecia, notávamos a ira que aflorava em sua mente. Num ímpeto de violência, ele atirou-se sobre o corpo frágil de Rachel, porém a ação rápida dos socorristas ali presentes impediu-o de concretizar suas intenções.

Aproximei-me dele; estava contido por instantes, mas notei a revolta em seus olhos e compadecido solicitei aos amigos que o libertassem, responsabilizando-me por ele. Assim foi feito. Ele olhou-me com desdém e falou entredentes:

– Não se sinta meu credor por esse favor. Apenas fez o que é justo, respeitou o meu livre-arbítrio.

– E você? Está respeitando o livre-arbítrio de seus semelhantes?

Ele apenas me olhou por sob os cílios e se foi, seguido por aqueles que ainda teimavam em permanecer nas trevas de sua própria mente.

Rachel respirou aliviada e informou aos amigos e familiares que se sentia melhor; mesmo assim Inês insistiu que ela fosse examinada pelo médico de plantão. Após algumas horas retornaram às suas casas mais aliviados.

CAPÍTULO 17

– PENSAMENTO CONSCIENTE –

399. Sendo as vicissitudes da vida corpórea expiação de faltas passadas, ao mesmo tempo que provas para o futuro, é possível, da natureza dessas vicissitudes, induzir-se o gênero da existência anterior?
Muito frequentemente, pois cada um é punido naquilo em que pecou. Entretanto, isto não constitui uma regra absoluta. As tendências instintivas são um indício mais seguro, porque as provas por que passa um Espírito tanto o são pelo passado quanto pelo futuro.[25]

Voltamos à Casa Espírita Caminheiros de Jesus, mais especificamente à sala destinada aos atendimentos psi-

---

[25] KARDEC, Allan. *O Livro dos Espíritos*. Livro II – "Do Mundo Espírita ou Mundo dos Espíritos", capítulo VII – "Retorno à Vida Corporal", item VIII – "Esquecimento do Passado" (N.M.).

cológicos. Lá encontramos Inácio e Rubens, este ainda adormecido.

– Como está nosso amigo? – perguntei a Inácio.

– Seu sono está bastante agitado. Esperava os amigos para acordá-lo e conversarmos um pouco.

Com carinho, Inácio tocou o braço de Rubens e o chamou mansamente. Ele abriu os olhos e, um pouco assustado, perguntou:

– Já aconteceu? Eu desencarnei?

– Ainda não, meu amigo. Você está em sala do plano espiritual situada na Casa Espírita Caminheiros de Jesus. Foi trazido para cá logo após ter adormecido. Nossa intenção é permitir um descanso mais produtivo para que enfrente os momentos vindouros com mais equilíbrio – falou Inácio.

– Eu sinto muito cansaço, que tem piorado a cada minuto. Pensei que seria diferente.

– Você ainda está ligado ao corpo denso e adoentado, não se esqueça disso – comentei.

– Sei que preciso tomar uma decisão sobre meu destino. Vocês poderiam me dizer quanto tempo ainda tenho? – questionou Rubens.

– O corpo material está bem debilitado, apesar das pequenas reposições de fluido vital. Como o amigo pediu, estamos bem perto da impossibilidade de continuar com esse procedimento – informou Inácio.

– Estou percebendo que o bem-estar que antes sentia nessas horas não tem acontecido mais – concluiu Rubens.

– Acredito que o tempo solicitado fez o seu papel. Percebo certo cansaço nas pessoas mais próximas e a percepção de que nada será possível para mantê-lo no mundo dos encarnados. A aceitação de sua passagem já é sentida como uma bênção de Deus, pois vai aliviá-lo do sofrimento. Desse estado sentimental, a conformação derivará com naturalidade – falei olhando os tristes olhos de Rubens.

– Peço apenas mais uns poucos dias, quero preparar meu filho, aproveitar os seus momentos de sono. Mostrar a ele que, apesar de não mais poder dividir com ele uma vida como encarnado, eu sempre estarei por perto, pelo amor que tenho por ele – pediu Rubens.

– Faremos o possível, mas, nesses dias que se seguirão, começará acontecer a falência dos sistemas orgânicos e você terá muitas sensações dolorosas – alertei.

– Eu sei disso, apenas me auxiliem por mais uns poucos dias. E peço que nos momentos permitidos possa estar aqui, quem sabe, se tiver merecimento, entendendo um pouco esse momento de separação – falou Rubens com lágrimas nos olhos.

Emocionados, abraçamos o jovem amigo, e confesso que naquele momento pensei em poupá-lo da dor e me prontificar a fazer a sua lição. Olhei para o rosto pálido e entristecido dele e imaginei o quanto estaria sentindo falta da família, recém-construída com tanto carinho, amor e paciência.

– Vinícius, não fique aflito. Sei que alguma coisa boa sairá de tudo isso. Preciso acreditar nisso, aí a felicidade virá de novo. Fico pensando que nesta encarnação fui uma pessoa feliz, tive uma companheira maravilhosa, um filho perfeito, amigos fiéis, então a próxima deverá ser muito melhor – comentou Rubens ensaiando um sorriso encantador.

– Ah! Meu amigo. Você é que precisa ser consolado e não eu. Queremos que saiba de nosso amor e admiração pela maneira como tem conduzido sua vida – disse emocionado.

– Mas eu cometi tantos erros, deixei passar tantas oportunidades! – exclamou admirado por nosso carinho.

– Os erros e as distrações não são importantes, mas sim o que você conseguiu descobrir disso tudo, o que ainda não estava bem e o que modificou por meio de um pensamento consciente e sincero, exercitando uma das maiores virtudes: a humildade – completou Inácio juntando-se ao abraço amoroso.

– Tenho muito a agradecer a tantas pessoas que me ajudaram. Será que um dia conseguirei com que saibam disso? O quanto foram importantes para mim? – questionou Rubens, demonstrando forte emoção.

– Você já pensou sobre a razão de essas pessoas agirem beneficamente em sua vida? Que o fizeram por amor, porque você cativou esse amor? – perguntei.

Rubens olhou-me com gratidão, e com carinho respondi:

– Agora, meu amigo, você precisa descansar; vamos aproveitar a reposição de plaquetas que deverá acontecer em minutos e proceder à manutenção de fluido vital. Descanse sossegado, tudo sempre dá certo, não é assim? – incentivou Inácio.

– Essa é uma expressão usada por um pai amigo. Quando poderei vê-lo? – questionou Rubens.

– Em breve, tenha paciência.

Rubens sorriu e adormeceu. Um sono tranquilo; sua expressão relaxada demonstrava que havíamos conseguido auxiliá-lo.

Cada dia vivido nesse adorável mundo dos espíritos é uma aventura admirável. Observar a experiência vivida por Rubens; ver a sua força serena e ao mesmo tempo conflituosa; as suas decisões já desvinculadas das próprias necessidades; a preocupação com o sentimento alheio, de não deixar para trás a dor, mas apenas o amor, têm me encantado. Acabo percebendo o quanto ainda preciso aprender. Desencarnei com bastante idade, realizei mais do que poderia imaginar em meus sonhos, mas estava na hora certa; o cansaço do corpo envelhecido já anunciava o fim de uma experiência, que acredito produtiva; mas e se fosse ainda jovem, numa fase de vida repleta de sonhos e esperanças, com projetos a serem realizados? Qual seria a minha reação? Seria compreensivo e pacífico? Acataria com paciência e compreensão o momento da partida?

Tantas questões pessoais despertadas pela observação da maneira como um amigo as responde, vivenciando o momento. Essa reflexão acabou por lembrar-me da questão de *O Livro dos Espíritos*, a qual falei para Inácio:

> **768. Procurando a sociedade, não fará o homem mais do que obedecer apenas a um sentimento pessoal, ou há nesse sentimento algum providencial objetivo, de ordem mais geral?**
>
> *O homem tem de progredir. Isolado, isso não lhe é possível, por não dispor de todas as faculdades. Falta-lhe o contato com os outros homens. No isolamento, ele se embrutece e estiola.*
>
> *Nenhum homem dispõe de faculdades completas e é pela união social que eles se completam uns aos outros, para assegurarem o seu próprio bem-estar e progredirem. Eis por que, tendo necessidade uns dos outros, são feitos para viver em sociedade e não isolados.*[26]

---

26 KARDEC, Allan. *O Livro dos Espíritos*. Livro III – "As Leis Morais", capítulo VII – "A Lei de Sociedade", item I – "Necessidade da Vida Social" (N.M.).

– Isso, Vinícius, é a bondade de Deus em harmonia com as nossas necessidades. Se não fossem as diferenças entre nós, companheiros de jornada, seríamos apenas cópias uns dos outros. Mas dessa maneira, uns observando os outros, conseguimos alguns parâmetros de comparação, o que acaba nos deixando alguns questionamentos a serem respondidos.

Maurício veio em nosso encontro e nos informou que Fábio precisava de nossa presença na entrada da cidade umbralina Caos Profundo. Cipriano havia autorizado a continuidade de nossa visita interrompida.

Dirigimo-nos para lá. Durante o trajeto trocamos algumas ideias sobre vários assuntos relacionados aos projetos reencarnacionistas.

– Estive pesquisando sobre o assunto de nosso trabalho atual: os planejamentos reencarnatórios. Conversei com um amigo que está estagiando em uma colônia preparatória, e ele está maravilhado com o trabalho que está sendo realizado ali. Cada detalhe é minuciosamente estudado para a preparação do reencarnante, visando sempre o sucesso do compromisso – comentou Maurício.

– Todo esse trabalho, que acaba por envolver muitos outros espíritos dedicados a despertar o bem maior para a humanidade, é mais uma prova da bondade de Deus, que nos oferece oportunidades maravilhosas de refazermos o caminho antes mal percorrido – disse Ineque.

– Esse amigo falou-me que ainda acompanha o início da preparação, após o espírito ter o consentimento para preparar-se para a futura viagem à matéria. Uma das escolhas iniciais refere-se aos parentes mais próximos e aos pais, pois dessa opção delineiam-se os mapas cromossômicos, que vão determinar algumas características biológicas, necessárias para o desenrolar da nova história. Além, é lógico, das relações interpessoais, que visam excelentes processos reeducativos, não raras vezes com a intenção de sanar relacionamentos doentios vividos em outras oportunidades – concluiu Maurício.

– No caso de Rachel, ela gesta antigo companheiro que pretende harmonizar-se com seus desafetos do passado, inclusive despertando interrogações na mente do antigo desafeto, que insiste em permanecer nas trevas de dores morais passadas, Cipriano. Ele teve condições de opinar? – questionei a Fábio.

– Participei ativamente da preparação do companheiro que hoje está sendo abrigado em um novo corpo material e assistido por espíritos superiores. Chegamos a determinadas necessidades fisiológicas, que vão tanto fortalecer a vontade do irmão, como outras que lhe servirão de contenção. Uma das opções principais foi quanto à paternidade, que deveria estar a cargo de espíritos amorosos e dispostos no processo de reeducação da criança. Não contávamos com a gravidez precoce da menina, mas tudo foi readequado a essa nova realidade, e, com certeza, o que for necessário ao progresso moral de todos será feito de maneira consciente, respeitando as vontades e limitações de cada um. Quanto à participação de nosso companheiro, foi permitido a ele acompanhar as decisões e em muitas ocasiões opinar sobre os sentimentos que eram despertados em determinadas escolhas, visando, principalmente, decisões lúcidas e compatíveis com a capacidade dele para vivenciar esses assuntos, muitos ainda traumáticos e bastantes delicados – explicou Fábio.

– Qual seria a experiência que iria amedrontá-lo mais? – inquiriu Maurício.

– A homossexualidade. Ele comprometeu-se muito vivenciando esse aspecto da sexualidade – redarguiu Fábio.

– Essa experiência decorreu da troca recente de sexo? – perguntei.

– Não, de nenhum dos envolvidos. Fazíamos parte do alto clero da Igreja Católica Romana, mas abraçamos esse caminho por imposição familiar, com a intenção maior de adquirir poder de comando nas comunidades em que vivíamos. E o celibato, para seres ainda ávidos por experimentar sensações fortes, como são as originadas na região genésica, foi um caminho de desequilíbrio e muita dor. Acabamos nos comprometendo com as leis morais de maneira bastante grave, pois os desvios sexuais acabaram nos levando a outros vícios, como o álcool, os opioides, a corrida desenfreada em busca de cargos mais altos, e, por fim, a pedofilia. Foi nesse momento, quando começaram os abusos infantis, que acabei por me afastar desse grupo. Sentia-me muito mal. O choro daquelas crianças maltratadas perseguiu-me por muito tempo, mas foi como uma bênção de luz em minha vida. Foi ele que acabou por acordar-me para a realidade que vivia – afirmou Fábio, demonstrando grande comoção com as lembranças de um triste momento vivido na ignorância.

Emocionado, abracei-o e falei entre lágrimas:

– Que maravilha a vida nos prepara a cada minuto: a descoberta de nossa própria origem amorosa.

Percebemos a aproximação de Cipriano, que olhava de maneira belicosa para Fábio.

– Aquilo que o envergonha, engrandece-me. Querem conhecer o meu berçário? Venham comigo!

Ineque mentalmente alertou-nos sobre as intenções de Cipriano em despertar revolta em nossa mente e, principalmente, desequilibrar Fábio em suas emoções mais caras. Silenciamos e uma prece amorosa brotou em forma de melodia dos lábios de Ana. O som cristalino trouxe-nos paz e a lembrança excelente de que tudo está certo no mundo de Deus. Animados e felizes, juntamo-nos à querida irmã, somando amor e boa vontade em auxiliar aqueles que necessitavam de nossa presença.

CAPÍTULO 18

– DEIXANDO O PASSADO –

Chegado ao tempo que a Providência marcou para a sua vida errante, o Espírito escolhe por si mesmo as provas às quais deseja submeter-se, para apressar o seu adiantamento, ou seja, o gênero de existência que acredita mais apropriado a lhe fornecer os meios, e essas provas estão sempre em relação com as faltas que deve expiar. Se nelas triunfa, ele se eleva; se sucumbe, tem de recomeçar.

O Espírito goza sempre do seu livre-arbítrio. É em virtude dessa liberdade que, no estado de Espírito, escolhe as provas da vida corpórea, e no estado de encarnado delibera o que fará ou não fará, escolhendo entre o bem e o mal, Negar ao homem o livre-arbítrio seria reduzi-lo à condição de máquina.

Integrado na vida corpórea, o Espírito perde momentaneamente a lembrança de suas existências anteriores, como se um véu as ocultasse. Não obstante, tem às vezes uma vaga consciência, e elas podem mesmo lhe ser reveladas em certas circunstâncias. Mas isto não acontece senão pela vontade dos Espíritos superiores, que o fazem espontaneamente, com um fim útil, e jamais para satisfazer uma curiosidade vã.

As existências futuras não podem ser reveladas em caso algum, por dependerem da maneira por que se cumpre a existência presente e da escolha ulterior do Espírito.

O esquecimento das faltas cometidas não é obstáculo à melhoria do Espírito, porque, se ele não tem uma lembrança precisa, o conhecimento que delas teve no estado errante e o desejo que concebeu de as reparar, guiam-no pela intuição e lhe dão o pensamento de resistir ao mal. Este pensamento é a voz da consciência, secundada pelos Espíritos que o assistem, se ele atende às boas inspirações que estes lhe sugerem.

Se o homem não conhece os próprios atos que cometeu em suas existências anteriores, pode sempre saber qual o gênero de faltas de que se tornou culpado, e qual era o seu caráter dominante. Basta que se estude a si mesmo, e poderá julgar o que foi, não pelo que é, mas pelas suas tendências.

As vicissitudes da vida corpórea são, ao mesmo tempo, uma expiação das faltas passadas e provas para o futuro.

Elas nos depuram e nos elevam, se as sofremos com resignação e sem murmúrios.

A natureza das vicissitudes e das provas que sofremos pode também esclarecer-nos sobre o que fomos e o que fizemos, como neste mundo julgamos os atos de um criminoso pelo castigo que a lei lhe inflige. Assim, este será castigado no seu orgulho pela humilhação de uma existência subalterna; o mau rico e avarento, pela miséria;

> *aquele que foi duro para os outros, pelo tratamento duro sofrerá; o tirano, pela escravidão; o mau filho, pela ingratidão dos seus filhos; o preguiçoso, por um trabalho forçado etc.*[27]

Voltamos à cidade Caos Profundo; a vibração energética nos pareceu mais densa, tamanha a dificuldade inicial que tivemos em nos adaptar ao ambiente. Cipriano olhou-nos com desdém e disse:

– Preparamos a cidade especialmente para recebê-los.

– Nós agradecemos ao amigo a atenção que nos dispensou – falou Ineque com carinho e abaixando a cabeça em sinal de humildade.

Cipriano olhou-o com sarcasmo e disse:

– Quero-os em silêncio; não me interessa o que pensam, suas opiniões ou críticas veladas. Convidei-os para atender aos meus interesses e nada mais. Então, quero-os calados.

Apenas continuamos a caminhar. Mentalmente, orávamos por tudo o que víamos em nossa passagem: a dor, o descontrole emocional, o ódio, a insensatez, as atitudes afrontosas; enfim, o sofrimento daquele que,

---

[27] KARDEC, Allan. *O Livro dos Espíritos*. Livro II – "Do Mundo Espírita ou Mundo dos Espíritos", capítulo VII – "Retorno à Vida Corporal", item VIII – "Comentário da Questão 399" (N.M.).

distanciado de sua origem divina, entregava-se ao seu mais obscuro sentir.

Orávamos pela dor que ouvíamos por meio de lamentos e xingamentos, mas acima de tudo estava o Pai, que nos alertava sobre a necessidade dessa vivência, para que a consciência embrutecida pelo orgulho e pela vaidade acordasse diante da necessidade de mudar a própria história, até o momento grafado nas cinzas de nossa origem.

Caminhávamos lentamente, seguindo Cipriano, entre as veredas dolorosas. O caminho, no início íngreme e escorregadio, ia se transformando. Chegamos a uma plataforma cercada por altas porções de rochas sólidas e percebemos algumas aberturas naquele paredão. Cada uma delas dava origem a um túnel. Cipriano nos indicou uma abertura estreita à nossa direita.

A escuridão nos cercava; percebemos que o túnel era muito estreito, baixo e úmido, e a energia muito mais densa do que a que encontráramos na entrada da cidade. Cipriano fez um gesto com as mãos e uma luz tênue passou a iluminar nossa passagem. Desembocamos em um local que nos pareceu uma cópia reduzida do pórtico que dava entrada à colônia Origem de Fogo.

Atravessamos um corredor extenso e largo, que abrigava em suas laterais várias salas de diferentes tamanhos. No fim do corredor, estreito e curto, entramos à esquerda.

Encontramos uma porta fechada, semelhante às portas de cofre terreno.

Após alguns comandos mentais de Cipriano, ouvimos um estalido seco e a porta se abriu, deixando-nos entrever um ambiente sombrio e amplo.

Cipriano fez sinal para que aguardássemos. Entrou na grande sala, demorou alguns minutos e voltou. Seu olhar mostrava que ele estava se divertindo com a situação que acreditava estar nos impondo. Assim, ordenou:

– Agora podem entrar.

Admirados, encontramos inúmeros espíritos infantis e enfileirados à nossa esquerda e à nossa direita. A um sinal de uma senhora de aparência gigantesca, eles passaram a recitar estranha poesia, cadenciada e rítmica, que parecia hipnotizar a todos. Após a burlesca apresentação, cada uma daquelas crianças se adiantou e recitou um mantra, que descrevia as obrigações encarnatórias delas. Admirei-me ao ver uma criança claudicante se adiantar e parar à nossa frente. Ergueu a cabeça de maneira acintosa e, com os olhos flamejantes de ódio, conforme recitou seu mantra, o corpo perispiritual foi se avolumando.

– Sou o mal, trago o mal, dissemino o mal. Sou poder, sou o futuro, você será meu seguidor. Minha origem é o fogo, que queima sua vontade; submeta-se a mim.

Os outros espíritos, amedrontados, ajoelhavam-se a seus pés, repetindo ininterruptamente o mesmo mantra e, no fim, cada um dizia em som alto e estridente: "Submeto-me a você!".

A mulher gigantesca fez um sinal e todos se calaram. Mentalmente, ela os libertou de seu jugo, oferecendo a Cipriano o comando. Este olhou para eles e, um a um, de olhos baixos, aproximou-se. O homem sentou-se no chão e os comandados passaram a acariciá-lo diante de nossos olhos. Então, ele olhou nos afrontando e disse:

– O que o seu Deus fará neste momento? Sinto sua revolta, mas ela não se concretiza. Faço o que quero e nada me impede.

Fábio se adiantou, sentou-se ao lado de Cipriano e começou a cantar baixinho antiga cantiga de brincadeiras infantis. Aproximamo-nos do amigo e nos juntamos a ele nesse coro de amor.

Os espíritos, que antes se dedicavam a agradar nosso anfitrião, levantaram os olhos e nos enxergaram. Atordoados, não conseguiam se mover diante do bem-estar sentido; o corpo deles antes preso à aparência infantil foi se transformando e ganhando novas formas, como de espíritos adultos. Ana estendeu os braços carinhosamente e eles foram se aproximando. No mesmo instante, uma equipe de socorristas veio em nosso auxílio e, em segundos, o amor brotou entre nós como bálsamo de luz bendita.

Olhei para o espírito que nos fizera a odienta apresentação, e vi que ele nos fitava com raiva. Dando as mãos a Cipriano, comentou com cinismo:

– Fizeram-me um favor livrando minha comunidade dos fracos. Fico com meu futuro, ainda temos muito a fazer.

Ineque passou a falar com calma e carinho e sua voz era ouvida em cada canto daquela bendita cidade de redenção:

– O irmão nos perguntou o que Deus poderia fazer por vocês. Acredito que tenha recebido sua resposta, e o bem ofertado aos que se foram será estendido a todos desta comunidade. A partir de agora teremos um Posto de Socorro instalado à entrada da cidade. Qualquer um de vocês que sentir vontade de se livrar das dores e das trevas, será recebido com amor. Deus abençoe essa morada de recuperação moral. Até breve, meus irmãos.

Cipriano nos fitou com ódio e, cercado por número expressivo de seguidores, construiu à nossa volta uma cela para conter nossa marcha. Imediatamente, manipulamos a densa energia com a ajuda de amigos amáveis que nos fortaleciam naquele momento. As formas de contenção foram sendo desmaterializadas e transformadas em luz de oração. Um clarão iluminou o ambiente de dor e as criaturas ali prostradas no chão imprecavam contra a presença de Deus.

Saímos do prédio e voltamos à Casa Espírita Caminheiros de Jesus. Acomodamo-nos no belíssimo jardim que ocupava o centro do prédio espiritual para trocar algumas impressões sobre o ocorrido.

– Eram realmente crianças? Fiquei confuso com essa informação, pois sabemos que, após o desencarne na infância, há o socorro imediato – redarguiu Maurício.

– Formas infantis, eu usaria essa maneira de descrever o que vimos na Origem de Fogo – falou Ineque.

– Esse assunto sempre me interessou bastante: o que acontece após o desencarne na tenra idade? Sabemos que a infância é um período bastante produtivo para o espírito, pois é nessa fase que as modificações de conceitos morais são mais produtivas; mas sabemos também que apenas o corpo material é de uma criança. O espírito pode já ter tido um sem-número de experiências que moldaram seu caráter. O desencarne também deverá ter qualidade semelhante à índole do espírito? – perguntou Maurício.

– No processo reencarnatório o espírito conta com o adormecimento de suas lembranças pretéritas; portanto, o seu comprometimento com vícios, paixões e desejos está sob controle; isso até, aproximadamente, os sete anos de idade, quando o processo reencarnatório estará completo. Até então, não haverá como desenvolver tendências mais negativas, por essa razão Jesus compara a pureza de coração à infância – explicou Fábio.

– Voltamos ao conceito: o que dá qualidade às nossas ações são as nossas intenções. A criança ainda não manifesta vícios; portanto, suas intenções, geralmente, são ingênuas e puras – completou Ineque.

– Você falou "geralmente"; há exceções? – questionou Ana.

– Isso me intriga muito, pois sabemos de alguns acontecimentos sobre o globo em que crianças de pouca idade acabam por cometer crimes considerados hediondos. Como poderíamos explicar esses casos? – contemporizou Maurício.

– Acabamos de voltar de uma excursão à Origem de Fogo, local em que espíritos estão sendo treinados para agir de maneira tresloucada, com a intenção de manter o planeta estacionado nesse período de conflitos morais. Apesar da interferência do plano melhor, ali vigora o livre-arbítrio. Em algumas ocasiões, o mal acaba se originando nessas mentes infantis sob o domínio de espíritos ainda malévolos. Mas isso não é sinal de improdutividade dessa encarnação, pois o sofrimento dos envolvidos acabará fazendo o excelente trabalho de reeducação dos sentimentos – esclareceu Ineque.

Eu apenas ouvia as ideias de meus amigos expostas com a intenção de entender um pouco o movimento da vida. Esse assunto sempre interessou a mim, pois sempre amei a juventude, vendo em cada um desses jovens a potencialidade de transformação por meio do processo educativo, na aquisição de conhecimentos necessários à manifestação da vida, ao processo educativo dos sentimentos, das emoções, situando, assim, o indivíduo em uma sociedade ética, a caminho da moralidade.

Alguns fatos acontecidos sobre o planeta incomodavam muito o meu pensar e o meu sentir. Apesar de acreditar na beleza da evolução de cada um segundo sua capacidade de entender o momento em que vive, a criança como agente do mal desconcertava-me de maneira intensa. Refletindo sobre o que via e ouvia, passei a entender um pouco melhor esses momentos dolorosos de reajuste moral; apesar de serem manifestação do desequilíbrio, também acabavam por mobilizar a sociedade penalizada diante da dor.

Exigimos punição ao adulto infrator das leis sociais, muitas vezes sem piedade desse desequilíbrio, porém, quando o caso acontece e o agente é uma criança, surpreendemo-nos e sentimos pena. Seria essa uma maneira de exercitarmos o perdão às ofensas, por meio da utilidade dos escândalos necessários?

Refletia em silêncio quando Ineque, voltando-se para mim, pediu que eu manifestasse minhas dúvidas e reflexões. Partilhei com os companheiros os meus pensamentos e, surpreendido, percebi que dividíamos alguns questionamentos.

– Voltando ao assunto inicial. Se as crianças são imediatamente socorridas após o desencarne, então não são necessárias comunicações mediúnicas? – inquiriu Ana.

– São raros os casos que exigem uma ação mais agressiva para a readaptação de uma criança ao plano espiritual. Quando necessário, é feita com todos os cuidados possíveis para que não seja ainda mais perturbada – esclareceu Fábio.

– Quando acontece uma comunicação infantil fora desse aspecto especial, podemos citar três possibilidades: comunicação anímica por necessidade do médium, que acredita estar produzindo algo que considera importante; mistificação de espíritos ignorantes, que têm a intenção de atrapalhar os trabalhos mediúnicos; e espíritos dementados ou mesmo traumatizados, que regridem à infância como recurso de autoproteção – comentei.

– Mas um espírito de entendimento melhor não poderia usar a aparência infantil, por exemplo, para acalmar o coração de pais aflitos? – perguntou Ana.

– Isso seria uma fraude, o que foge à crença de um espírito melhor. O que pode acontecer é a comunicação por meio de espíritos melhores que tem como finalidade confortar os pais. Psicografias recebidas pelo amigo Francisco Cândido Xavier nos trazem muitos exemplos disso, inclusive algumas fazem parte de livros editados, como na obra *Estamos no Além* – informou Ineque.

— Espíritos que desencarnam na infância são socorridos? Existem equipes especializadas nesse trabalho? — perguntou Maurício.

— Existem, mas elas procuram ter ao seu lado algum parente desencarnado ou mesmo o mentor; familiares ajudam nessa passagem de um plano para o outro, minimizando os traumas — contemporizou Ineque.

— Após o desencarne eles mantêm a mesma aparência? — questionou Ana.

— Voltamos ao mesmo conceito de relatividade: quanto mais evoluído o espírito, mais facilidade ele encontra em se adaptar à nova vida. Lembro-me de um trabalho de auxílio que realizamos e foi contado no livro *Aldeia da escuridão*[28]. O menino Mario, que desencarnou por meio de um ato de demência do próprio pai, fez sua adaptação no mundo invisível de forma rápida e produtiva — expliquei aos amigos.

— Inclusive eu me lembro de que ele se juntou a um grupo de jovens aprendizes e em breve período teve autorização para assumir a liderança do grupo, realizando excelente trabalho — completou Maurício.

— O desencarne de Mario aconteceu com qual idade? — questionou Fábio.

---

28 MACARINI, Eliane. *Aldeia da escuridão*. Autor espiritual Vinícius. São Paulo: Lúmen Editorial.

– Aos onze anos de idade. Ele já despertava para as próprias características de personalidade; era um bom menino, bastante consciente de seus deveres. De fácil trato, apesar da pouca idade, perdoou o pai dementado e até hoje trabalha pela recuperação dele, que ainda se encontra hospedado nos abismos da dor. Sempre que posso procuro informar-me sobre os progressos daqueles a quem conheci nesse trabalho de amor – esclareci aos amigos.

– Se me lembro bem, Mario em pouco tempo assumiu a aparência mais adulta, não é? – perguntou Ineque.

– Isso mesmo. Esforçou-se muito para equilibrar-se rapidamente, tal a sua vontade em auxiliar aos necessitados. Inclusive, a sua última encarnação tinha como propósito cristão auxiliar o antigo companheiro de delitos que permanecia na escuridão da própria mente, que foi o seu pai terreno, Adamastor – falei com admiração pelo altruísmo do menino Mario.

– Essa mudança de aparência ocorre por vontade e compreensão do próprio espírito, mas o crescimento físico, semelhante ao que acontece aos encarnados, é uma constante para aqueles que desencarnam na infância? – perguntou Maurício.

– A mudança de aparência acontece de acordo com a necessidade do espírito. A exemplo da Terra, todos continuam seus estudos e, com a aquisição de novos conhecimentos, que os remete a novos questionamentos, a necessidade de atingir a fase adulta os impulsiona a modificar a aparência perispiritual – informou Fábio.

– A literatura espírita conta alguns casos bem interessantes de crianças desencarnadas; podemos citar a obra de André Luiz, psicografada por Francisco Cândido Xavier, *Entre a terra e o céu*. Lembro-me de admirável comentário do amigo escritor sobre a visita que fez ao Lar de Bênçãos, onde nos relata que em determinado momento ouve indescritível melodia e, quando se aproximou, descobriu ser um coro de crianças, felizes e bem adaptadas à nova realidade. André Luiz questiona ao dirigente quanto à existência de processos educativos escolares condizentes à idade das crianças, e recebe resposta afirmativa. Também tem a informação de que elas permanecem ali até ter condições para uma nova encarnação e, não raro, isso acontecia antes mesmo de atingirem a aparência adulta – comentei.

– Isso vem corroborar a ideia da necessidade do espírito em modificar sua aparência – continuou Ana.

– Isso mesmo; sem essa necessidade tudo seria imposição, o que é inadmissível para os espíritos melhores – confirmou Fábio.

– Em *O Livro dos Espíritos*, questão 381, Kardec questiona aos espíritos:

Quando morre uma criança, o Espírito que a reanimava retoma imediatamente o seu vigor precedente?

Sim, pois que se livra de seu envoltório carnal. Mas não readquire sua anterior lucidez enquanto não esteja completamente desembaraçado daquele envoltório; isto quer dizer que só é livre e outra vez lúcido quando nenhum laço existe entre ele e o corpo que deixou.

– Essa separação é fluídica e também emocional? – perguntou Ana.

– Fluídica, pois se pressupõe que o desligamento do perispírito/corpo material auxilia a libertação do espírito, mas, enquanto ele estiver mentalmente preso à forma densa, a liberdade acaba por não se concretizar – explicou Ineque.

– Voltamos ao ponto mais importante: enquanto não houver consciência da necessidade de modificação do padrão mental, a nova vida estará inegavelmente atrelada a pesadas algemas do passado – refleti com carinho.

– E os casos de desencarnes prematuros de crianças? – quis saber Maurício.

– E o aborto, o que seria? – questionou Ineque.

– No livro de autoria de André Luiz, *Entre a terra e o céu*, mais precisamente no capítulo 10, a irmã Blandina faz o seguinte comentário: *Mais fêmeas que mães jazem ob-*

cecadas pela ideia do prazer e da posse e, despreocupando-se dos filhinhos, lhes favorecem a morte. O infanticídio inconsciente e indireto é largamente praticado no mundo. E, como o débito reclama resgate, as delongas na solução dos compromissos assumidos acarretam enormes padecimentos nas criaturas que se submetem aos choques biológicos da reencarnação e veem prejudicadas as suas esperanças de quitação com a Lei... Aqui, recebemos muitas solicitações de assistência para pequeninos ameaçados de frustração. Temos irmãs que por nutrirem pensamentos infelizes envenenam o leite materno, comprometendo a estabilidade orgânica dos recém-natos; vemos casais que, por conta de rixas incessantes, projetam raios magnéticos de natureza mortal sobre os filhinhos, arruinando-lhes a saúde; e encontramos mulheres invigilantes que confiam o lar a pessoas ainda animalizadas, que, à cata de satisfações doentias, não se envergonham de ministrar hipnóticos a esses frágeis seres, que reclamam desvelado carinho... Em algumas ocasiões, conseguimos restabelecer a harmonia, com a recuperação desejável; no entanto, muitas vezes somos constrangidos a assistir ao malogro de nossos melhores propósitos.

Estávamos nessa produtiva conversa quando Inácio veio ter conosco:

— Amigos, precisamos atender ao chamado da família de Rubens. A hora da partida se aproxima, precisamos auxiliar nossos amigos nesse momento de dolorosa separação. Solicitei aos companheiros de labor socorrista que nos auxiliem, pois devemos estar ao lado deles nas próximas quarenta e oito horas.

Emocionados com a notícia já esperada, unimo-nos em amorosa prece petitória de amor e serenidade para que pudéssemos vivenciar as experiências vindouras com equilíbrio e lucidez. Apesar de entendermos o processo constante da vida eterna, ainda nos sentimos fragilizados dentro do conceito de morte.

Ainda nos soa como uma despedida eterna quando um ente amado deixa a matéria em busca de sua verdadeira natureza como espírito. O sofrimento é consequência imediata, e passamos a deslizar freneticamente num doloroso estado de fatalidade.

Mesmo vivendo há certo tempo no mundo invisível, ainda me sobressalto diante da passagem entre os dois mundos. Necessito ainda firmar novos e saudáveis hábitos, deixando o passado onde ele deve estar, para formar novos hábitos que substituam o sofrimento, pela felicidade da vida eterna.

CAPÍTULO 19

–ACEITANDO OS ACONTECIMENTOS –

400. O Espírito encarnado fica voluntariamente em seu envoltório corporal?
É como se perguntásseis a um preso se as grades lhe agradam. O Espírito encarnado deseja incessantemente a liberdade, e, quanto mais grosseiro é o invólucro, tanto mais deseja dele ver-se desembaraçado.[29]

Imediatamente, transportamo-nos para o lado de Rubens. Adormecido, sob os cuidados amorosos de seu mentor, o corpo febril e cansado sofria os últimos momentos na matéria.

– Boa tarde, amigos. Agradeço a presença ao lado do nosso tutelado por amor – agradeceu-nos Camilo.

---

[29] KARDEC, Allan. *O Livro dos Espíritos.* Livro II – "Do Mundo Espírita ou Mundo dos Espíritos", capítulo VIII – "Emancipação do Espírito", item I – "O Sono e os Sonhos" (N.M.).

– Nós também amamos muito nosso companheiro de trabalhos espiritistas. Prometemos-lhe nossa presença constante nesses momentos derradeiros – falei ao amigo.

– Como você está? – perguntou Ineque dirigindo-se a Camilo.

– Bastante emocionado diante do compromisso a ser terminado, mas renovando minhas intenções ao lado de Rubens, que tanto proveito tirou dessa oportunidade – respondeu Camilo.

– Foram provas vivenciadas com certo equilíbrio, como também algumas expiações concretizadas com sucesso – comentei emocionado.

– Fico aqui rememorando algumas passagens desde a mais tenra idade e percebo que foi perseverante diante dos obstáculos. Quando se via incapacitado de enfrentar as próprias limitações, acabava vencendo o orgulho, ainda bastante presente em sua mente, e corria em busca de ajuda, por meio da ação de pessoas em quem confiava. Foi crítico consigo mesmo, muitas vezes queria a perfeição ainda distante e lutava contra alguns conceitos errôneos que o debilitavam nas lutas diárias; mas, acima de qualquer coisa, era amoroso e fiel. Seguidor de Jesus, entristecia-se por ainda não ter a capacidade de exercitar sua fé de maneira mais intensa – comentou Camilo.

– Sairá desta encarnação mais perto da perfeição. Ainda com um bom caminho pela frente, porém diante das experiências vividas, com certeza terá melhores condições de perceber a felicidade relativa – comentei, observando aquele rosto sereno e de beleza sutil.

– Vamos auxiliá-lo a acordar, o horário das visitas se aproxima – disse Inácio, que estava conosco.

Enquanto atendíamos ao nosso amigo Rubens, Maurício e Ana se desdobravam entre os amigos que aguardavam o horário de visita na sala de espera do hospital. A esposa de Rubens estava sentada em um canto. Tinha o semblante abatido e sofrido, os pensamentos em conflito entre o desejo de que o marido permanecesse no mundo dos encarnados e a realidade que percebia, observando e conhecendo as implicações dos últimos acontecimentos. As emoções em conflito a esgotavam física e emocionalmente.

Uma amiga querida, Priscila, aproximou-se dela e falou baixinho:

– Vou acompanhá-la. Precisamos ter calma, está bem?

Talita apenas acenou afirmativamente com a cabeça e olhou para Sandra com um olhar interrogador. A médium a fitou com tristeza e acenou em sinal de positivo ao questionamento mudo. Depois, aproximou-se de Talita, abraçou-a e disse com carinho:

– Eu não consigo vê-lo partindo.

— Eu sei – respondeu Talita.

A visita foi liberada. Rubens estava lúcido e viu a expressão de aflição da esposa. Quando ela se aproximou, ele acariciou seus cabelos e disse:

— Eu sinto muito, mas preciso partir. Meu tempo está chegando ao fim. Eu amo você e meu filho. Juro que queria ficar, mas não é esse o nosso compromisso.

Talita, em silêncio, ouviu as palavras e o carinho. Conseguia ver o marido lúcido à sua frente e isso a consolava, pois sua maior preocupação era vê-lo sofrer, perturbado e sem a noção exata do que estava acontecendo. Mais tranquila, incentivou-o a aceitar o que estava por vir. Apesar da dor da separação, sabia ser inevitável o desfecho dessa experiência dolorosa.

Talita e Priscila impuseram suas mãos e, amorosas, doaram o melhor de si em benefício de Rubens.

As pessoas se revezaram na visita ao querido amigo, que, emocionado, recebia as vibrações de amor como bálsamo. A dor da companheira o arremessava a um novo momento de sua vida. Pensamentos de paciência e incentivo o fortaleciam. Em determinado momento, ele olhou para nós e disse:

— Estarei me afastando de tudo isso. Que escolha eu fui fazer! – Seu tom de voz desolado nos emocionou.

Aproximei-me do amigo e o abracei com carinho, dizendo:

– Não se engane, meu filho, você estará mais próximo deles como nunca esteve. Sentirá esse amor com mais intensidade e saberá a profundidade de seus próprios sentimentos. Um dia, não muito distante, vai agradecer ao Pai por permitir a você essa experiência magnífica.

– Sinto uma angústia muito grande, meu peito dói, pois sei que em breve esta encarnação chegará ao fim. Isso é doloroso demais.

Nesse momento, Camilo entrou no cubículo ocupado por Rubens, na Unidade de Terapia Intensiva.

– Boa noite, meu filho! Estarei aqui com você e ficarei até o momento em que necessitar de minha presença.

Rubens o olhou emocionado e falou:

– Pai? Pensei que nunca viria.

Camilo o abraçou, e Rubens, esgotado pelas últimas emoções, entregou-se a convulsivo pranto de alívio.

– Apesar de estar cercado de amigos, sentia-me muito sozinho. Agora, com você aqui, serei mais forte. Não quero dar trabalho, sei que vivo aquilo que combinei, então preciso ficar bem.

– Meu filho, as emoções são projeções de nosso eu; exteriorizá-las não nos faz fracos diante da vida, mas sim nos prepara para entender melhor o que sentimos nessas ocasiões mais difíceis de vivenciar. Chorar alivia a alma, desfaz o nó na garganta e facilita uma conversa saudável.

Deixamos Rubens na companhia de Camilo e voltamos à Casa Espírita que nos acolhia no Rio de Janeiro. Fábio necessitava de nossa presença. Cipriano mostrava agressividade e muita raiva, que se manifestava em forma de pânico para Rachel.

Entramos na pequena casa e logo avistamos vários espíritos que se compraziam com o choro descontrolado da menina.

– O que está acontecendo? Fale comigo, Rachel – implorava Inês, já bastante preocupada com o estado emocional da menina.

– Eu sei que alguma coisa muito ruim vai acontecer, eu vou perder o nenê, mãe.

– Meu Deus do céu, quem falou uma besteira dessas para você? Ontem mesmo nós fomos ao médico e ele disse que está tudo bem.

– Não vou nem contar aos pais do Airton. Para quê? Não vai ter nenhum nenê mesmo.

E a menina repetia e repetia a mesma coisa sem parar. Ao seu lado, um espírito com deformações graves na área genésica repetia as mesmas coisas e chorava copiosamente. Aproximamo-nos da infeliz criatura, mas tal era seu envolvimento de culpa, possivelmente com um passado tenebroso, que ela nem ao menos notou nossa presença.

Intuímos Inês a pedir ajuda para Angela.

– Angela, desculpe incomodá-la, mas Rachel está muito esquisita, repete sem parar que vai perder o nenê. Parece que nem me ouve. Não sei mais o que fazer.

– Estou indo para sua casa. Caio acabou de chegar da faculdade e vai comigo. Devemos chegar aí em quinze minutos, está bem? Ah! Inês, ore bastante e com muita fé.

Dizendo isso, chamou Caio e os dois se dirigiram à casa de Inês.

Rachel estava desequilibrada e notamos que o espírito reencarnante, apesar da proteção fluídica, começava a dar sinais de desconforto. Alertei Ineque para o fato e imediatamente solicitamos auxílio aos companheiros especializados nos processos reencarnatórios.

Uma senhora de aspecto frágil apareceu e percebeu a interferência que mãe e filho sofriam. Solicitou-nos auxílio para reforço energético e com delicadeza passou a energizar o útero materno, formando uma cúpula de proteção. O espírito, antes irrequieto, sossegou, e percebemos que adormeceu serenamente.

Cipriano veio ter conosco e avisou:

– Não fiquem satisfeitos com essa ação paliativa, ele reconhece quem sou e me teme. Estou apenas me insinuando. A cada vez, ele ficará mais inseguro, até o momento em que será um aliado para o aborto. É só isso! É muito fácil, não conto com milagres, apenas com sentimentos daqueles que conheço.

— O irmão esqueceu uma coisa muito simples, mas que fará a diferença para cada um daqueles que pretendem modificar o seu estado de imperfeição – comuniquei.

— E o que seria? A intervenção do Divino? – questionou Cipriano com uma gargalhada.

— Também, mas me refiro à vivência de cada um; enquanto o irmão permanecia nas sombras da ignorância amorosa, seus antigos companheiros aprenderam a cada oportunidade e descobriram forças interiores que você nem imagina que existam – respondi com carinho.

— Você diz que eles se prepararam para me enfrentar? Saiba que passei séculos me preparando para a vingança final. Enquanto eles viviam diversos assuntos inacabados, especializei-me em derrotá-los e reduzi-los a nada – respondeu.

— A diferença é grande e lúcida entre as vivências que ora discutimos. Preparar-se para a vida é encontrar a sua própria essência divina, é saber quem somos, conhecer nossas virtudes e nossos vícios. É saber aceitar a dor como amiga passageira, é sentir que tudo está certo, embora, em muitas ocasiões, não exatamente da maneira como gostaríamos que fosse. É aceitar que necessitamos desenvolver a fé em nós mesmos, acreditando em nossa capacidade de realizar e transformar a dor em instrumento de aprendizado, educando a nossa fé em Deus. Esse novo ser que desabrocha em meio à escuridão descobre sua origem e natureza, o que o fortalece e o transforma em mais um trabalhador na seara do bem – redargui emocionado.

– Você me julga aquém de minha capacidade. Essa fala não vai esmorecer a minha vontade; eu a alimento da forma necessária para que não morra diante do momento esperado e sonhado por séculos e séculos. Entendo sua filosofia, mas, para mim, ela não faz sentido. Olhe à sua volta e sinta o poder que consigo canalizar por meio de súditos bem treinados. Logo vou convidá-los a participar de um verdadeiro milagre de minha fé. Quem sabe não será você a mudar de lado? – Dizendo isso, ele investiu contra Rachel de maneira cruel. A menina, já em descontrole emocional, cedeu à tensão do momento e perdeu os sentidos.

Caio e Angela chegaram ao local. Inês estava em pânico e gritou para que entrassem. Rachel estava deitada no chão frio, o rosto pálido, e uma indefinível expressão de pavor marcava o rosto delicado. Imediatamente, Angela a examinou e percebeu que a pressão arterial estava muito alta. Pediu ao filho que ligasse para a emergência do hospital, pedindo um veículo de resgate.

Rachel, ainda desacordada, foi levada ao hospital e examinada pelo médico de plantão, que a medicou. Lá ficou sob observação e, aos poucos, a pressão arterial voltou ao normal.

– Angela, essa menina tem passado por momentos muito difíceis. Seria interessante ser acompanhada por uma psicóloga – aconselhou o dr. Fernando.

– Vou conversar com Inês e oferecer o atendimento fraterno do Centro Espírita que frequento – respondeu Angela.

– Seria interessante. Você sabe que não tenho sensações mediúnicas importantes, mas vejo a necessidade de essa menina ser acompanhada para que tudo corra de maneira mais harmônica. Pelo que estou aprendendo com a Doutrina Espírita, temos aí um momento de reajuste para os envolvidos nessa história, e acredito que esse espírito que está vindo é figura central dessa trama – falou Fernando.

– Que maravilha se nossos colegas compreendessem a importância do acompanhamento espiritual, principalmente no período gestacional. Muito sofrimento seria poupado a essas pessoas. Estaríamos tratando o homem de maneira integral: mente, corpo e espírito – afirmou Angela.

– Devemos agradecer a Deus por muitos profissionais da área da saúde já questionarem os limites da medicina terrena e procurarem respostas além da matéria. Essa é uma conquista importante para a humanidade – informou Fernando.

– Veja! Rachel está acordando – alertou Angela, segurando carinhosamente as mãos da menina.

– Dona Angela, o que aconteceu?

– Você não se sentiu bem e desmaiou. Nós a trouxemos para o hospital.

– E meu filho, está bem?

– Está sim, minha criança. Vou chamar sua mãe. Ela precisou ser medicada; e na pressa de socorrê-la, não tomou a insulina que precisava. Ela e o Caio estão na sala de espera bastante preocupados.

– Nossa! Quanto trabalho eu estou dando a vocês.

– Não se preocupe, estamos aqui porque gostamos muito de vocês. Rogério deve estar chegando; pedi a ele que pegasse Carol na escola. Veja só quantas pessoas a amam.

– Eu fico muito feliz. Não me lembro de nada que aconteceu.

– Não se preocupe, o importante é que está tudo bem com vocês dois. Vou chamar sua mãe.

CAPÍTULO 20

– SER FELIZ –

401. Durante o sono, o Espírito repousa como o corpo?

Não, o Espírito jamais está inativo. Durante o sono, afrouxam-se os laços que o prendem ao corpo e, não precisando este então da sua presença, ele se lança pelo espaço e entra em relação mais direta com os outros Espíritos.[30]

Voltamos ao hospital onde estava Rubens. Após as visitas daquela terça-feira, conversamos com nosso amigo, que mostrava alguns sinais depressivos diante dos acontecimentos futuros.

---

30 KARDEC, Allan. *O Livro dos Espíritos*. Livro II – "Do Mundo Espírita ou Mundo dos Espíritos", capítulo VIII – "Emancipação do Espírito", item I – "O Sono e os Sonhos" (N.M.).

Camilo, ao lado dele, ficou em oração por alguns momentos, e, fitando-o, falou com carinho:

– Precisamos relembrar o seu compromisso nesta experiência, após vamos voltar a mente para lembranças adormecidas de um passado distante. Sei de sua necessidade ao pedir ao Pai autorização para viver esses momentos, assim como todos os envolvidos também se comprometeram a isso.

– Sei muito bem do que você fala, e, mesmo assim, estou me sentindo como uma vítima, vivendo o que escolheram para mim e não como na realidade é – respondeu Rubens.

– Por tudo isso eu pedi permissão para os momentos que vivenciaremos a seguir. Mais uma vez seremos auxiliados em nossos conflitos de fé pela bondade de nosso Pai – informou Camilo.

– Eu sempre soube que não teria muito tempo nessa encarnação, achava que morreria jovem, mas isso não me assustava; encarava o fato como uma coisa natural, embora sofrida por causa do afastamento das pessoas que tanto amo. Mas depois que meu filho nasceu essa ideia me aterrorizou, passei a ignorar essa informação e todas as sensações que me trazia. Mas eu sempre soube que isso aconteceria – redarguiu Rubens.

– Apesar da bênção do esquecimento do passado, Deus nos permite viver essas experiências de maneira intuitiva. Nesses momentos sentimos as consequências de nosso compromisso, como uma maneira de nos adaptarmos aos acontecimentos futuros. Apenas não prestamos muita atenção e relegamos as informações ao esquecimento. Talvez isso aconteça como instrumento de autopreservação, pois o nosso apego aos bens terrenos, sejam eles quais forem, acabaria por nos trazer desequilíbrios maiores e mais graves, e isso provocaria mais insegurança e sofrimento – completou Camilo.

– Eu sei de algumas coisas que aconteceram e que reconheci imediatamente; pessoas e fatos relacionados ao meu passado, como a presença de Talita em minha vida. Assim que a vi senti um encantamento que veio de dentro do meu coração. Confesso que a emoção foi tão forte que tive dificuldade para voltar a respirar. Foi como estar suspenso no ar, uma sensação muito boa, de muita paz, até mesmo de euforia; e, apesar de estar longe dela naquele momento, senti como se estivesse sendo abraçado – falou Rubens emocionado.

– Essa é uma relação que está se modificando há bastante tempo. Um amor que amadurece e fica a cada dia mais saudável, não é mesmo, meu amigo? – questionei com os olhos umedecidos pela emoção.

– Tenho uma imagem dela com vestes romanas. O olhar era diferente, agressivo e triste; mas eu sinto amor por essa imagem. Acredito que foi a primeira vez que a vi dessa maneira que hoje reconheço como amor – esclareceu Rubens.

– Ainda rebelde e necessitado das sensações da matéria como fonte principal de prazer; você se lembra dessa história? – perguntou Ineque.

– Não; apenas uma sensação de sofrimento e dor, de perda e distanciamento. Sinto medo quando vejo essa imagem, pois sei que fizemos coisas terríveis na época – continuou Rubens.

– Não se assuste, meu amigo. Vocês estão muito distantes dessas manifestações desvairadas; trilharam um longo caminho, fizeram novas e saudáveis escolhas em busca do aperfeiçoamento espiritual – expliquei ao amigo.

– Lembro-me nitidamente de uma experiência junto ao clero. Acredito que tenha acontecido na Idade Média, na Idade das Trevas. Uma boa parte do conhecimento que tenho hoje sobre Biologia e Medicina vem daí, não é mesmo? – inquiriu Rubens.

– O que você se lembra?

– De estar sempre fechado em um laboratório, um lugar escuro e sombrio, sempre fazendo experiências, testando drogas. Cheguei a um ponto que nada mais interessava, pois dominava a ciência dessa matéria, mas sentia-me insatisfeito, sabendo existir fenômenos muito mais admiráveis, porém estava ali sem ter como dar continuidade, por falta de instrumentos e conhecimento. Inconformado, busquei respostas na arte das trevas: a magia negra. Conjurei o mal, invoquei demônios, cantei palavras negras em rituais de magia, torturei meus semelhantes em experiências tenebrosas, destruindo corpos e esperanças. No auge do conhecimento tenebroso, conheci Talita e encantei-me com seu jeito, mas ela e seus companheiros eram parte de uma comunidade de bruxos. Ameacei destruí-los caso ela não aceitasse ser minha amante em troca da liberdade. Ela recusou e afrontou-me, então me vinguei denunciando a todos – contou chorando. Fez uma pausa e continuou: – Depois de sua morte, isolei-me do mundo. Eu a amava, era um amor doente, e o orgulho não permitiu que a conquistasse por meio da mudança de minhas atitudes e meus princípios, então destruí o que poderia ser a minha felicidade.

Com a intenção de confortá-lo e fortalecê-lo, abracei o amigo que, em pranto convulsivo, lembrava-se de uma parte triste de seu passado.

– No auge do sofrimento e do remorso, acabei com minha vida tomando veneno de maneira mórbida. Ingeria quantidades pequenas para sofrer dores atrozes e sentir a minha vida escapulindo, aos poucos, pelas minhas mãos. No fim, louco de dor física e emocional, queimei meu próprio corpo, derramando óleo quente em minha cabeça e ateando fogo. Enquanto queimava, gritava o nome dela.

– Você foi socorrido pela caridade daqueles espíritos, foi cuidado por eles e encaminhado a novas experiências – comunicou Ineque.

– Tornei-me amigo deles. A bondade e o perdão me incentivaram a lutar para ser melhor em cada uma das encarnações que vivi. Muitos de nossos companheiros de trabalho espírita compartilharam comigo essas experiências. Quanto ao meu relacionamento com Talita, encontramo-nos algumas vezes como encarnados. Numa dessas oportunidades, o medo de perdê-la de novo desequilibrou-me e eu acabei por culpá-la de coisas horríveis e que não condiziam com a verdade. Tinha verdadeiro pavor de ser traído. E nessa mesma encarnação, por diversas vezes, senti esse medo. Alcoolizado, deixei-me levar por esse descontrole, ofendi e maltratei a pessoa que mais amo no mundo – contou Rubens.

– Mas foi isso que fez com que tomasse a decisão de não mais consumir alcoólicos, não foi? – perguntei a ele.

– Foi sim. E mais uma vez fui ajudado por meus amigos, que me aconselharam e incentivaram a modificar o que me fazia sofrer. Comprometi-me com Talita e nunca mais bebi nada que contivesse álcool. Consegui vencer um vício e entender o mal que fazia a mim mesmo e a minha família. Dessa vez fiz escolhas melhores – falou Rubens.

– Nascer em uma família espírita ajudou bastante, não foi? – perguntou Ineque.

– Ajudou sim. Procurei entender o que é ser espírita. Não apenas estudar a Doutrina Espírita, mas aplicá-la em minha vida. Procurei ser paciente com as pessoas e dividir o que tanto bem me fazia. Embora em muitas circunstâncias a crítica agressiva tenha sido desculpa para meus próprios erros. Hoje eu sei que, apesar de algumas pessoas de meu convívio não terem sido o que eu esperava, elas foram o melhor que conseguiram. Essa compreensão eu devo muito a Sandra, que sempre conversou comigo, questionando as minhas certezas e demonstrando de diversas maneiras que as respostas poderiam ser outras e não aquelas que me faziam sofrer – comentou Rubens.

– Sandra faz parte de seu passado há muito tempo, não é mesmo? – perguntou Vinícius.

– Faz sim – respondeu Rubens sorrindo e continuando: – Eu confio muito nela; sei do amor que tem por mim e minha família. Ela puxou minha orelha diversas vezes, mas sempre aceitei com naturalidade, o que me fez pensar no assunto. Era tão natural contar coisas a ela, coisas que não conversávamos com mais ninguém. Até que cheguei à conclusão de que era um presente de Deus em nossa vida, assim como ela fala de nós na vida dela. Deixei de questionar as razões e passei a confiar em minha intuição. Há muito tempo aceito esse relacionamento como algo natural e saudável em nossa vida, e tenho boas lembranças disso. Um dia saberei das experiências que vivemos juntos e que nos levaram a esse ponto de amor e confiança recíprocos.

– De tudo o que você se recordou até agora, o que pode levar à explicação do que está vivendo hoje? – questionou Ineque.

– Acho que em termos profissionais acabei cursando Biomedicina para fazer um bom uso desse conhecimento, mas também sei que desisti com muita facilidade de atuar na área da saúde em busca de respostas para doenças e curas, assim ajudando a humanidade. Sei também que na parte de relacionamentos consegui vencer muitas limitações. Espero ter feito algo de bom, para que as pessoas tenham boas lembranças de mim, porque eu levo comigo muitas recordações incríveis, e é isso que vai me fortalecer nesses momentos – falou Rubens.

– E quanto a sua família de origem? – perguntou Camilo.

– Sinto que poderia ter sido mais compreensivo, paciente e próximo deles; hoje consigo entender muitas coisas que me deixavam em dúvida. Se tivesse conseguido ter noção da oportunidade que tive de estar ao lado deles, teria me portado de maneira diferente. Quero que meus pais tenham certeza de meu amor e admiração, pois eles me deram a oportunidade de viver essa vida maravilhosa, e as conquistas que consegui devo partilhá-las com eles. Não posso esquecer também que, ao me ligar à Talita, ganhei uma nova família, com pai, mãe e irmão. Esse um novo presente de Deus. Quanto pude desfrutar em amor durante essa encarnação! Não consigo enxergar nada que possa reclamar ou renegar.

Nesse instante, Rubens cambaleou e, assustado, nos disse:

– Estou me sentindo muito mal!

Tomado de intensa emoção, voltou ao corpo material, que sofria grave crise convulsiva. A hemorragia debilitava mais e mais o corpo já tão fragilizado.

Acercamo-nos do querido amigo e o auxiliamos a desvincular-se, ainda parcialmente, da matéria. O perispírito foi colocado em uma maca do plano invisível e deslocado para uma sala adequada para esse auxílio. Enquanto tomávamos essas providências, os médicos do plano terreno atendiam as necessidades do corpo material. Precisávamos ainda de mais algumas horas; assim, os mais próximos aceitariam com mais equilíbrio a necessidade de o amigo partir.

Reunimo-nos para uma prece intercessória e de gratidão ao Pai pelos momentos que vivíamos ao lado daquelas pessoas tão especiais para nosso coração.

Após alguns momentos de reflexão e oração, ficamos em silêncio, cada qual imerso em seus pensamentos. Apesar de saber que a vida é eterna, sentia-me triste vendo o amigo desencarnar por conta dos resquícios de um passado recente. Maurício falou:

– Estou sentindo muita tristeza. Sei do sofrimento que vem da separação dos nossos entes queridos, mas neste caso ainda há um item a mais: a ligação feliz entre o casal e o prazer que eles sentem na companhia um do outro. Fico aqui pensando como será essa separação, como conseguirão encontrar motivos para sentir prazer nos dias que vão se seguir?

– Realmente há uma afinidade profunda de sentimentos e pensamentos, mas também há compreensão sobre a questão da vida eterna. Acredito que saberão administrar a ansiedade que virá com a ausência material; o entendimento de que ambos são espíritos e podem se encontrar, de acordo com o equilíbrio demonstrado após a separação, será bálsamo consolador para ambos. Meu jovem amigo, essa obra também contribuirá para o entendimento de ambos acerca dos compromissos assumidos. Confesso que os mesmos sentimentos experimentados por você também estou tentando racionalizar, para que não acabem criando vida própria e tornando-se mais um motivo de sofrimento – respondi bastante reflexivo.

– Você tem razão. Ainda sinto que o "velho Maurício" domina este novo, tão inseguro e ignorante. Quanto ao caso de Rachel, como está evoluindo? – perguntou Maurício.

– Conversei com o Fábio sobre o assunto e ele me tranquilizou. Parece que teremos alguns dias mais sossegados. Cipriano está se movimentando em outras comunidades reencarnacionistas do submundo espiritual, enquanto isso a família de Rachel terá alguns momentos de paz – informei.

– Deus nos beneficia mais uma vez com seu amor; teremos tempo suficiente para auxiliar Rubens e seus familiares; depois estaremos à disposição de Fábio – comentou Maurício demonstrando emoção.

Abracei o jovem que observava, dia a dia, modificar sua maneira de enxergar o mundo, a ponto de perceber, mesmo em momentos dolorosos, a benemerência de nosso Pai a nos acudir nos momentos de mais necessidade. Agradecido por esses instantes de aprendizado, elevei meu pensamento em harmonia com a própria natureza de todos nós e recitei, cantarolando, belíssimo poema de agradecimento por estar vivenciando essas maravilhas da vida:

> *Ser feliz é encontrar força no perdão, esperanças nas batalhas, segurança no palco do medo, amor nos desencontros. É agradecer a Deus a cada minuto pelo milagre da vida.*
>
> Fernando Pessoa

CAPÍTULO 21

– MOMENTOS DIFÍCEIS –

403. Por que não nos lembramos sempre dos sonhos?
Em o que chamais sono, só há o repouso do corpo, visto que o Espírito está constantemente em atividade. Recobra, durante o sono, um pouco da sua liberdade e se corresponde com os que lhes são caros, quer neste mundo, quer em outros. Como, porém, o corpo é uma matéria pesada e grosseira, dificilmente conserva as impressões recebidas pelo Espírito, porque este não as percebeu pelos órgãos do corpo.[31]

A noite caminhava e tudo parecia se arrastar vagarosamente. Fechei os olhos e pedi ao Pai por meus amigos, ain-

---

31 KARDEC, Allan. *O Livro dos Espíritos*. Livro II – "Do Mundo Espírita ou Mundo dos Espíritos", capítulo VIII – "Emancipação do Espírito", item I – "O Sono e os Sonhos" (N.M.).

da presos à matéria densa, impedidos por seus próprios compromissos de enxergar um pouco as razões que levavam ao desenlace doloroso de Rubens.

Acompanhava o amigo parcialmente desligado da matéria, sentindo certo torpor pela iminente partida, mas ainda disposto a auxiliar os que permaneciam na matéria, com a intenção de minimizar o sofrimento futuro. Mansamente, entramos em um quarto, onde Talita e Gustavo, adormecidos e de mãos dadas, demonstravam no semblante carregado o sofrimento que experimentavam. Inácio se aproximou e chamou a moça mansamente.

– Talita, abra os olhos, estamos aqui com vocês.

A moça, bastante emocionada, abriu os olhos e falou emocionada:

– Eu sabia que vocês viriam! – exclamou, levantando-se do leito e abraçando Rubens, chorando mansamente.

Ficamos quietos, orando e pedindo ao Pai o fortalecimento para ambos nessa separação temporária, mas inevitável.

Rubens afagava os cabelos da esposa e dizia baixinho:

– Calma, Talita, calma! Eu sei que é difícil, mas nós vamos conseguir voltar a viver com esperanças no futuro.

– Como vou fazer sem você? Não consigo pensar nisso.

– Não pense, lembre-se do que Sandra lhe falou: viva um dia de cada vez.

– Eu quero entender o que está acontecendo para poder suportar. Você pode me dizer?

– Estamos vivendo o que escolhemos para essa experiência, e também nos saindo melhores do que antes. Então, não desista nunca, eu quero que você tenha uma vida produtiva. Sem culpas e sem remorsos. Apenas viva como tem de viver.

– Eu não consigo imaginar nem um dia sem você; como farei isso a vida inteira?

– Vou me esforçar para estar bem logo e poder visitá-los, mas estou partindo, terminei esta encarnação; você continua e precisa aceitar, senão corremos o risco de transformar um relacionamento saudável em algo doente e obsessivo. E, se isso acontecer, você não conseguirá enxergar o necessário e a continuidade de sua vida como encarnada. Você ainda tem muito a fazer.

– Eu sei, mas ainda não consigo ver como vou fazer tudo isso que me pede.

– Você é bastante forte, nossa vida foi maravilhosa, eu não mudaria nada, mas ela está terminando. Devemos continuar juntos em pensamento, como deve ser de hoje em diante. Precisamos nos libertar da necessidade da presença física, senão corremos o risco de nos tornarmos amargos e sem esperança.

– O que você quis me dizer naquele dia que tentou escrever?

– Deixei uma carta para você com Camilo; na hora certa ela chegará às suas mãos.

– Pela Sandra?

– E por quem mais poderia ser? Espero um dia ter condições de escrever um livro que contará minhas experiências.

– A Priscila sabe disso, ela contou para a Sandra ontem.

– Quantos bons amigos fizemos em pouco tempo! Eles serão a sua fortaleza. Agora vou acordar Gustavo, ontem prometi a ele ensiná-lo a dirigir – falou Rubens sorrindo.

– E se eu não conseguir lembrar de nossa conversa? – perguntou Talita voltando a chorar.

Rubens ergueu seu rosto com as mãos e, delicadamente, beijou-a nos lábios, dizendo amorosamente:

– Você lembrará na hora certa e terá a certeza de que a vida não acaba nunca. Além do mais, temos a Sandra para transmitir os recados – respondeu sorrindo.

Talita o abraçou apertado e mansamente aceitou nossa sugestão de adormecer. Auxiliamos a nossa querida amiga a voltar à estreiteza da matéria bendita.

Rubens pegou o filho no colo e o convidou a imaginar a brincadeira proposta no dia anterior. A mente cria e molda a realidade de acordo com nossa necessidade. Em segundos, observávamos pai e filho brincando e rindo alegremente.

Infelizmente, o tempo se esgotava e precisávamos voltar ao hospital. Toquei amorosamente o ombro de nosso amigo, e ele, com os olhos umedecidos, abraçou o filho e disse emocionado:

– O papai precisa ir. Eu quero que você saiba que amo muito você e sempre que puder estarei ao seu lado. Você não vai mais me ver em nossa casa. Vou morar com o Papai do Céu e sentirei muitas saudades de você. Você entende, meu filho?

Gustavo acariciou o rosto do pai, e os olhos, ganhando uma lucidez maior, expressaram suas emoções.

– Sim, lembro-me de que combinamos isso, e sei que vai estar comigo e com minha mãe sempre. Não vou falhar em nosso compromisso.

Dizendo isso, adormeceu tranquilamente nos braços de Rubens, que nos olhou e, chorando mansamente, disse:

– É a última vez que coloco meu filho para dormir.

Emocionados, apoiamos nosso amigo, que, trôpego pelas fortes emoções, preparava-se para deixar a matéria densa e voltar ao mundo dos espíritos.

No hospital, a equipe médica terrena, mais uma vez, doava carinho e atendimento ao doente. Consternados, eles percebiam que seus esforços eram em vão. O médico, um amigo que o acompanhava desde o início desse período doloroso, saiu da grande sala cabisbaixo e triste. Precisava informar a família sobre a gravidade do estado de saúde de Rubens e alertá-los sobre o iminente desencarne. Eram seis horas e trinta minutos de um novo dia.

Talita, informada pelo médico sobre o estado de saúde de Rubens, telefonou para Sandra, que prontamente se propôs a encontrá-la no hospital.

Olhava à minha volta e via os amigos encarnados e desencarnados chegando. Sentia que aquele seria um longo e doloroso dia em nossa vida eterna. Uma lembrança que nos seguiria por um bom tempo. Refletia havia dias sobre os últimos acontecimentos e sobre como nossos pensamentos e sentimentos ainda se mostravam conflitantes com aquilo que aprendíamos com a Doutrina Espírita.

As informações que recebíamos e vivenciávamos deveriam trazer-nos mais resignação, mais compreensão e menos sofrimento; mas ali estávamos, sofrendo pela partida do amigo e por ele estar naquela cama, definhando dia a dia. Percebia que os momentos dedicados à oração também geravam grande conflito emocional entre o grupo – ao mesmo tempo em que oravam pelo melhor, inconscientemente esperavam por um milagre.

Ineque tocou meu braço com suavidade e disse tristemente:

– Ah! Meu amigo, como é difícil mudarmos hábitos mentais e emocionais! O que vivemos hoje já é um caminho em direção à evolução inteligente de nossa vida. Apenas controlemos o nosso sentir para que o amigo não sinta esse desequilíbrio de maneira intensa.

– Ele sente o que sentimos? – questionei com lágrimas nos olhos.

– Sim, mas ainda assim nossa prece é de amor. Ainda não estamos preparados o suficiente para ter uma reação altruística como deveríamos – explicou Ineque.

– É doloroso... – comentou Maurício.

– No estágio de evolução em que Rubens está, ele entende essa demonstração ainda ambígua, entre a razão e a emoção, como uma homenagem de seus amores; afinal, o esforço que fazem mentalmente para controlar a emoção é por ele, que os conhece e sabe do grande sentimento que nutrem em relação a sua pessoa. A prece amorosa transforma a dor em aceitação – falou Ineque.

– Meu Deus! Quanto ainda tenho a aprender por essa vida afora. E Sandra, como está se comportando? – questionou Maurício.

– Ela está ali no canto, sozinha, em desdobramento junto à cabeceira de Rubens. Vamos até lá – convidei os amigos.

Sandra conversava com Rubens, que, bastante debilitado, olhava-a com carinho.

– Ainda agora não consigo ver você partindo, meu filho – afirmou Sandra.

– Eu sei. Eu não sinto que estou morrendo, pois a morte não existe. Eu sei que após a morte de meu corpo físico estarei mais vivo do que antes. Acredito que é isso que você vê e sente – respondeu Rubens.

– Você precisa de algo? – inquiriu Sandra.

– Que você renove o compromisso de olhar por Talita e Gustavo. Eu confio em você e ela também – solicitou Rubens.

– Você sabe que eu farei isso com muito carinho. Vocês são filhos de meu coração. Aliás, neste momento, percebo que conquistaram uma porção de pais, mães, irmãos etc. – falou Sandra sorrindo.

– É verdade, o apoio que estão nos dando só pode ser produto de amor verdadeiro. Nem vou citar nomes porque posso ser injusto e esquecer alguém. Só posso dizer que sem vocês estaríamos perdidos com tudo o que está acontecendo – redarguiu Rubens.

– Preciso ir, estão me chamando. Já volto – comunicou Sandra.

Sandra retornou e percebeu que a mãe de Rubens a chamava pedindo ajuda. O pai de Rubens, após se aproximar deles, viu que ela o olhava com carinho e mentalmente o confortava naquele momento doloroso, afirmando que estaria ao lado dele naquele recomeço. Amorosa, acariciou seus cabelos e disse mansamente:

– Meu filho, tenha fé e ore por todos!

Sandra ficou emocionada. Rubens abriu os olhos e também emocionado afirmou:

– Era minha mãe! Tive uma impressão muito forte de que era ela.

Sandra apenas faz um gesto afirmativo com a cabeça, fechou os olhos e convidou o amigo para uma prece de agradecimento pelo auxílio recebido.

Mais uma vez, o grupo de amigos se reuniu para alguns minutos de prece. A exemplo das outras oportunidades que presenciamos e a somatória da boa vontade e do amor em auxiliar um amigo querido, emanou adorável energia que produziu um efeito luminoso admirável de se ver.

Voltamos para perto de Rubens, que se encontrava sentado à esquerda da cama hospitalar, onde jazia seu corpo a cada instante mais debilitado.

Ele apenas nos olhou, demonstrando o cansaço que sentia. Fechou os olhos e grossas lágrimas escorreram no rosto de beleza angelical. Apenas ficamos ali ao lado do amigo, orando e mentalizando um futuro de felicidade.

O médico, pressentindo sua partida, resolveu liberar a visitação. Dessa maneira, amigos e familiares foram avisados de que em poucos minutos poderiam subir para ficar ao lado dele. Talita olhou para Sandra e ela, consternada, apenas fez um sinal afirmativo com a cabeça e disse com lágrimas nos olhos:

– Vou avisar os que ainda não chegaram. Não se preocupe, enquanto isso ficaremos em oração.

Todos se dirigiram para a já tão familiar varanda do hospital e, de olhos fechados e coração dolorido, iniciaram novamente as preces de amor e amizade verdadeiros.

Rubens, pressentindo a amável reunião, solicitou-nos estar presente. Auxiliado por Camilo, que não mais se ausentou, foi colocado no centro do círculo amoroso. Levantou o rosto e olhou cada uma daquelas pessoas que ali estavam orando por ele, gravando cada gesto, cada sentimento como o tesouro mais precioso que poderia receber e levar na nova jornada a ser iniciada em breve.

Seus olhos expressivos demonstravam a alegria de estar mais uma vez entre eles, os seus amigos especiais.

Ao término da prece, com grande esforço, levantou-se da poltrona e foi de um em um, agradecendo e beijando a testa deles. Olhou para a mãe, ajoelhou-se a seus pés, beijou suas mãos e agradeceu a oportunidade da vida, falando de seu amor e admiração por sua persistência em manter a família unida, sublimando, não raras vezes, suas próprias necessidades e seus desejos. Levantou-se e parou ao lado do pai, acariciou seus cabelos, beijou suas mãos e também, amoroso, agradeceu a vida que desfrutou nesta oportunidade, falando de seu amor e amizade, afirmando emocionado o seu entendimento da maneira com que manifestava por sua vez os seus sentimentos.

Sentou-se na poltrona e adormeceu imediatamente, vencido pelo cansaço. Voltamos ao cubículo que o agasalhava na grande sala da Unidade de Terapia Intensiva. O tempo passava rápido e nosso amigo mais e mais se aproximava do momento derradeiro.

Amigos socorristas já se encontravam prontos a terminar o desligamento dos últimos pontos vitais.

Ao lado de Rubens, sua esposa, seus irmãos e seus amigos, todos oravam para que ele tivesse um momento de paz e tranquilidade, para que os trabalhadores do Senhor o auxiliassem.

Ineque se aproximou de Rubens e disse:

– Você precisa partir, é hora de despedir-se de sua família e amigos. Venha! Eu o auxilio!

Rubens levantou-se amparado por Ineque e Camilo e aproximou-se de Talita. Abraçou-a com muito amor e dor no coração pela saudade que já sentia. Com carinho, falou:

– Eu a amo! Eu a amo! Eu a amo!

Talita sentiu e viu a aproximação do marido e, de olhos fechados, respondeu mentalmente:

– Eu o amo! Eu o amo! Eu o amo!

Olhando para Sandra, ele pediu:

– Diga a ela que a carta está pronta e será entregue no dia certo, com meu amor.

Sandra acenou afirmativamente e o incentivou a partir.

– Vá com Deus! Vá em paz! Tudo ficará bem, tenha certeza disso.

Olhando para o amigo que tanto o assistira nos momentos de aflição, sorriu debilmente e disse:

– Valeu, *cumpadi*!

Voltou a se sentar na poltrona, que aos poucos adquiriu a aparência de uma maca, e foi levado para o início de uma nova vida.

O médico amigo solicitou que ficassem apenas os familiares a partir daquele momento. Eram precisamente dezoito horas do dia 13 de abril de 2011.

Às vinte e uma horas, Talita voltou à recepção do hospital, olhou para Sandra e disse:

– Terminou!

– Eu sei, ele está bem!

– Eu sei que sim, ele foi embora há três horas, não é?

– É sim. Agora precisamos nos reunir mais uma vez e agradecer a Deus por sua bondade. Vamos fazer uma prece final?

Os amigos, pela última vez, reuniram-se em benefício do amor. No fim da prece, várias daquelas pessoas pediram a palavra, sempre com a intenção de agradecer e louvar ao Pai de amor e bênçãos.

As horas que se seguiram foram de muita emoção. Durante o velório, muitas pessoas se despediram do amigo querido, sempre consternadas com os últimos acontecimentos, mas também rememorando a bondade e o exemplo que sempre foi a presença de Rubens na vida delas. O corpo foi enterrado e a pequena multidão que havia se mobilizado separou-se, cada qual voltando às atividades normais de seus dias como encarnados, assim como Rubens teria de se readaptar ao plano dos espíritos e continuar sua caminhada evolutiva.

Ficamos ali, no jardim do Cemitério Bom Pastor, na cidade de Ribeirão Preto, desfrutando o fim da tarde e absorvendo os últimos raios de sol, encantados com a algazarra da passarinhada.

Ana levantou-se do banco em que estava sentada e, erguendo as mãos aos céus em sinal de agradecimento, orou a oração que nosso Mestre Jesus nos ensinou, em um canto alegre e vigoroso. Admirados e animados com sua iniciativa, seguimos seu exemplo e juntamos nossa voz à doce melodia. Ao olharmos à nossa volta, percebemos inúmeros espíritos que foram atraídos pelo canto singular. A ocasião foi aproveitada para socorrer os que ainda sofriam nas trevas de sua própria mente. Alegres, voltamos ao trabalho redentor e de amor ao nosso próximo.

Lembrei-me do semblante de Rubens ao afastar-se do corpo material. Era um sorriso triste, mas confiante no futuro, e logo imaginei que em breve estaria compartilhando conosco esses momentos divinos; então, voltei a sorrir.

CAPÍTULO 22

– QUESTIONAMENTOS SOBRE A VIDA –

407. É necessário o sono completo para a emancipação do Espírito?
Não; basta que os sentidos entrem em torpor para que o Espírito recobre a sua liberdade. Para se emancipar, ele se aproveita de todos os instantes de trégua que o corpo lhe concede. Desde que haja prostração das forças vitais, o Espírito se desprende, tornando-se tanto mais livre, quanto mais fraco for o corpo.
É assim que o cochilar, ou um simples entorpecimento dos sentidos, apresenta muitas vezes as mesmas imagens do sonho.[32]

Sentados no mirante da Casa Espírita, que nos abrigava na cidade do Rio Janeiro, trocávamos algumas ideias a respeito do atendimento que estávamos fazendo.

---

32 KARDEC, Allan. *O Livro dos Espíritos*. Livro II – "Do Mundo Espírita ou Mundo dos Espíritos", capítulo VIII – "Emancipação do Espírito", item I – "O Sono e os Sonhos" (N.M.).

– Ontem, durante a palestra para a qual fomos convidados, a respeito de gravidez na adolescência, fiquei consternado com os resultados apresentados – falei com tristeza transparecendo em minha voz.

– Realmente, podemos considerar um problema sério, pois ela traz consequências graves, uma vez que a maioria dos envolvidos nessas histórias não possui maturidade emocional para viver a situação de forma equilibrada – respondeu Fábio.

– A taxa de mortalidade dessas adolescentes é bem alta, muito mais significativa do que aquela proposta pelos órgãos públicos. Por que a divergência? – questionou Maurício.

– Algumas dessas jovens não têm acesso à informação sobre programas públicos ou de iniciativa particular, como as ONGs, que auxiliam o pré-natal, o parto, e acompanham por algum tempo a nova família. Sem conhecimento ou ajuda para superar uma situação tão delicada, acabam recorrendo ao aborto por meio de parteiras ou curiosas, pessoas sem noção moral da gravidade de seu ato ou mesmo médicos formados, juramentados, que fazem da Medicina um comércio vergonhoso – comentou Fábio.

– Isso é muito triste realmente. Mas há leis civis no Brasil que punem a mãe e o agente do aborto, não é? – perguntou Maurício.

– No Brasil o aborto é considerado crime contra a vida, e em apenas dois casos é legalmente aceito: quando a vida da mãe corre risco e em caso de estupro – respondi.

– Em *O Livro dos Espíritos*, na questão 359, Kardec questiona os espíritos superiores sobre esse assunto, perguntando o que se deve fazer no caso em que a vida da gestante corre perigo, e recebe a seguinte resposta: *É preferível que se sacrifique o ser que ainda não existe a sacrificar-se o que já existe* – comentou Fábio.

– Mas, quanto à autorização para o aborto do feto originado de um estupro, entendo que não há aquiescência – afirmou Maurício.

– Pelo contrário, na questão de número 358, Kardec formula a pergunta: *O aborto provocado é crime, em qualquer período da gestação?*, e recebe a seguinte resposta: *Há crime sempre que se transgride a lei de Deus. A mãe, ou quem quer que seja, cometerá crime se tirar a vida do nascituro, porque isso impede um Espírito de passar pelas provas mediante o uso do corpo que se estava formando e ao qual ele estava ligado desde o primeiro instante da concepção* – expliquei ao comentário do amigo.

– Quando se cogita sobre abortar um feto concebido em um estupro, a sociedade avalia o estado emocional da mulher que sofreu a violência, sem levar em consideração o direito à vida do reencarnante – disse Fábio.

— Isso é até compreensível se analisarmos o horror sofrido, a violação dos direitos básicos de permitir ou não um contato mais íntimo; sem contar que a violência sexual marca profundamente a psique humana. Isso acontece por conta da natureza animal do ser humano que sobrepuja sua racionalidade. À medida que o ser encarnado recebe educação e participa desse processo de maneira ativa, as necessidades físicas perdem a importância. Nesse momento surge um novo ser, dedicado à sua formação intelectual e ética, que tem mais condições de avaliar comportamentos e sentimentos e, por consequência, fazer escolhas mais saudáveis – comentei, dando minha opinião a respeito do assunto.

— Isso mesmo, Vinícius. Dessa forma, são sempre os valores integrais da vida que terão importância. Um espírito melhor, gerando um filho originado na violência, terá melhores condições de avaliar os próprios sentimentos e sublimar as dores decorrentes dos momentos da violência, e optará por permitir a vida – falou Fábio.

— Acompanhamos há pouco uma moça admirável que engravidou dessa forma doentia. Descobrindo que estava gerando uma criança, optou por recebê-la em seus braços com muito amor. Numa das consultas de pré-natal foi informada pelo médico de que gerava dois fetos. Sua alegria genuína nos emocionou sobremaneira. Levou a termo a gravidez e nasceram dois meninos perfeitos e saudáveis. Por fim, o médico que a acompanhou no período gestacional apaixonou-se pela admirável criatura e a pediu em casamento, aceitando com amor a paternidade pelo coração – contou Fábio.

– Basta que tenhamos fé em nossa capacidade de superar adversidades e acreditar que somente vivenciamos o que estamos preparados para superar. Se assim o fizermos teremos a crença de que tudo responde a um único e admirável processo divino de evolução – falei emocionado.

– Você presa muito o processo de educação pessoal e coletivo, não é? – questionou Fábio, dirigindo-se a Vinícius.

– Acredito que apenas adquirindo conhecimentos intelectuais que nos levam à reflexão do nosso mundo interior e daquele que nos acolhe é que poderemos nos tornar seres éticos a caminho da moralidade – respondi animado.

– O educador de almas, foi assim que o chamaram em sua última encarnação – disse Fábio.

– Ah! Meu amigo, quem me dera merecer tão digno título! Sou apenas um espírito com boa vontade no processo de educação – avisei sorrindo.

– Mas voltando ao assunto do aborto decorrente de uma gravidez originada no estupro... e se a gestante optar por essa solução, haverá atenuantes? – inquiriu Maurício.

– Voltamos ao conceito da relatividade, pois a responsabilidade está assentada no conhecimento que possuímos do assunto. Quanto mais ignorante o espírito for com relação ao assunto, maior a atenuante, o que não vai eximi-lo, no futuro, de participar de um projeto que o leve à recuperação desse momento doentio. Lembremos que o maior exercício que fazemos em nossa vida é o uso consciente do livre-arbítrio – explicou Ineque.

Fábio ficou em silêncio por alguns momentos, depois nos informou:

– Cipriano aguarda a nossa presença na entrada da colônia Caos Profundo. Precisamos partir imediatamente; antevejo uma oportunidade de trabalho na seara bendita do Pai.

Em poucos instantes já podíamos divisar a silhueta de nosso recepcionista, Cipriano. Ele nos aguardava ansiosamente. Assim que nos aproximamos, ele nos olhou com desdém e disse:

– Um pouco mais e perderiam a oportunidade única de conhecer um soldado de nossa causa pronto para voltar ao mundo dos encarnados.

– Agradecemos a paciência em esperar a nossa chegada – respondi de olhos baixos.

Ele olhou-me com um meio sorriso assustador e falou entredentes:

– Vamos ver se continuará a me agradecer depois de nossa excursão.

Caminhamos pelas mesmas ruas que nos acolheram das outras vezes e observamos as mesmas atitudes afrontosas dos moradores daquela cidade abençoada. Entramos no edifício que abrigava a instituição denominada Origem de Fogo. Cipriano nos conduziu ao andar mais alto daquele prédio. Era um apartamento privativo, semelhante aos mais luxuosos dos grandes hotéis do plano material. O que mais nos chamou a atenção foi o requinte dos detalhes; as cores eram suaves e cópias de objetos de arte enfeitavam o local.

Olhei para Cipriano de forma interrogativa e ele respondeu-me com sarcasmo:

– Por sermos criaturas sombrias não somos desprovidos de conhecimento ou bom gosto. Nosso tutelado está sendo preparado para viver entre os mais afortunados do planeta. Será um homem rico e poderoso. Aqui reproduzimos os ambientes que deverá frequentar com naturalidade.

– E qual é o planejamento reencarnatório desse irmão? – questionei.

– Vejam! Ele está chegando.

Levantei os olhos e, admirado, vi um jovem. Tinha brilhantes olhos azuis; cabelos claros e lisos; rosto de beleza harmônica e ao mesmo tempo serena e belicosa. Possuía um carisma inconfundível, típico daqueles que se tornam condutores de massa. O rapaz olhou-me com cinismo e disse:

– Acredito ter alcançado o propósito desejado pela expressão de seu rosto.

Sua voz era profunda e percebi que propositalmente rouca, dando ao conjunto de informações desejadas uma aparência atraente e sedutora.

– Quanto ao planejamento encarnatório proposto por nossa comunidade, ele terá o objetivo de arregimentar grande número de jovens, que vão idolatrá-lo. Será modelo de comportamento e aparência. Desde o início, mais precisamente na adolescência, vai surgir como um astro da música popular mundial. Inicialmente, demonstrará ser o modelo de jovem aprovado pelos pais, porém, com o tempo e sem pressa, vai exteriorizar hábitos compatíveis com nossos propósitos – avisou Cipriano.

– Por que tem a juventude como alvo deste projeto? – inquiriu Ineque.

– Ora, pensei que fosse mais inteligente! Não é nessa época que a personalidade do espírito começa a aflorar? Que período seria mais fértil para influenciar esses espíritos? E, se assim o fizermos, teremos uma geração conduzida para a vida adulta da forma que precisamos para atingir nosso objetivo. Além do mais, quanto mais cedo os influenciarmos, menos trabalho vão nos dar – falou Cipriano.

– Qual a razão da aparência física escolhida para esse jovem? – perguntou Ineque.

– Aparência andrógina? Não receiem verbalizar o que pensam. Isso será o início da ambiguidade que pretendemos iniciar entre os jovens. Essa aparência transita entre o feminino e o masculino, e será manifestada também na sexualidade. O comportamento dos jovens vai se modificar e serão moda os relacionamentos intersexuais de várias modalidades – explicou Cipriano nos olhando com atenção e tentando reconhecer nossa reação a respeito das informações recebidas.

– E qual o objetivo principal desse projeto? – perguntei.

– Segundo a sua classe, o casamento é uma das maiores conquistas da humanidade rumo à moralidade que propõe como perfeição. Ao passo que uma sociedade que elege relacionamentos indistintos entre os sexos pressupõe a queda dessa efêmera conquista. Afinal, será atraente e mais prazeroso um jovem que possui alternativas sem preconceito. A fidelidade a uma escolha sexual atrapalha nossos objetivos, pois de uma maneira ou outra acaba se formando uma família – falou Cipriano.

Olhei para o espírito, que se transvestia para esse propósito desequilibrado, e perguntei:

– E você? Como se sente executando essa tarefa?

– Apenas pago dívidas com esta comunidade; afinal, nunca fui tão valorizado como agora. Terei a encarnação que todos sonham – respondeu indiferente ao meu questionamento.

– Houve outras encarnações em que vivenciou essas manifestações? – perguntei.

– Lógico; como vocês, aqui aprendemos e lá treinamos. E a cada experiência volto mais capacitado e com meu currículo enriquecido; porém, essa encarnação próxima será o ápice de um período de muita dedicação. Anseio por vivenciar esses momentos e esses prazeres prometidos – falou o jovem.

– Então o seu propósito é pessoal e não de fidelidade a uma causa comum? – questionei.

– Fidelidade? A fidelidade acontece à medida que somos beneficiados por ela. Nosso anseio maior é continuar vivendo da maneira que desejamos, e isso nos torna parceiros. O que quer dizer isso? Que o que realmente importa é estarmos felizes com nossas perspectivas. Uma encarnação de prazeres e facilidades é o objetivo da maioria de nós. Se isso servir para mantermos tudo da maneira como está, alcançaremos a perfeição – respondeu com exasperação.

– Você será um condutor de massas. Em qual campo atuará? – questionou Maurício.

– No campo da música, seguido por milhões de jovens ansiosos em aproveitar ao máximo os prazeres que a vida pode oferecer, mas isso abrirá outras portas como o cinema, a televisão, o teatro etc. Pretendo aproveitar todas as oportunidades que surgirem. A falta de compromisso com a falsa moral, pregada por vocês, será a bandeira a ser carregada nessa experiência. Serei rico, bonito e invejado – falou o equivocado amigo.

– Você também conhece os desígnios de Deus; sabemos que recebem amplas informações sobre o assunto, como também deve conhecer a lei amorosa de ação e reação, que o conduz de maneira inequívoca à necessidade de perceber o mal que se faz. Você não teme o sofrimento que suas atitudes podem causar a você mesmo? – questionei o espírito.

– Temer? Não, estamos aqui justamente para impedir esse momento, não só para mim como para todos os que estão satisfeitos com nossa maneira de viver. Se vocês aspiram a um mundo perfeito, façam isso, mas não queiram nos obrigar a aceitar suas escolhas como se fossem nossas – respondeu com cinismo.

– Você sabe sobre o processo constante de evolução de nosso globo; chegará um dia que por aqui não mais haverá lugar para a irreverência e o descaso uns com os outros; nesse momento, deverão partir e habitar mundos menos desenvolvidos intelectual e moralmente – informei.

– Lutaremos para que a debandada seja do seu povo e não do nosso. Se alguém deverá partir será o perdedor, e nós não perderemos. Nossa conversa acaba aqui; estou perdendo precioso tempo de estudo apenas para satisfazer sua curiosidade – completou com irreverência estudada, voltando-nos as costas.

– Por favor, só mais uma pergunta – pedi com mansidão.

Ele voltou, olhou-me com desfaçatez e disse:

– Está bem, só mais uma pergunta.

– Você tem recordações de seus amores? – questionei ao jovem.

– Amores? A quem você se refere? – perguntou demonstrando certo espanto.

– Aos que oram e intercedem por sua iluminação. Aqueles que apesar de sua recusa ainda o amam e esperam o seu retorno. – Feliz, percebi um brilho confuso em seu olhar e continuei: – Ela já está encarnada e o espera pacientemente, será uma luz em sua vida e surgirá no momento em que mais precisar. Guarde no fundo de seu coração essa informação amorosa, pois será esperança quando não mais enxergar o brilho do alvorecer.

– Cale-se! Não foi para isso que os trouxe à minha cidade. Estão satisfeitos com a visita e a entrevista, então levem ao seu mundo o nosso recado e retirem-se de meu reino – esbravejou Cipriano, ameaçando-nos com a presença de espíritos belicosos e de semblante violento.

Agradecemos a oportunidade e nos retiramos da triste cidade que construía e comandava. Ao sairmos pelo estranho portal, voltamos para observar a nuvem energética que se aproximava da cidade, conduzida por estranhas entidades que flutuavam acima da concentração maligna.

Deslocamo-nos para um lugar acima do estranho grupo e ficamos observando. No interior da densa nuvem escura, identificamos diversas formas-pensamentos, todas originadas do desequilíbrio moral dos habitantes do globo. Ora eram pensamentos vingativos e de ódio, ora a manifestação desvairada de prazeres mundanos, que se somavam e produziam o fenômeno energético, aproveitado por aqueles que se afinizam com esse sentir.

Ineque nos convocou amorosamente a participar da reciclagem desses fluidos deletérios. Por meio de nossos mais nobres sentimentos de amor, perdão e serenidade, direcionamos nossos pensamentos para o estranho grupo. Encantado, observei que mais trabalhadores do Senhor se juntavam ao nosso propósito e em instantes toda a dor manifestada pela irracionalidade transformava-se em luz bendita de redenção, que se expandia em todas as direções, ganhando força e luminescência indescritíveis. Houve uma explosão energética que varreu a escuridão das mentes já em conflito. Ao mesmo tempo, inúmeros socorristas estendiam as mãos e voltavam às suas casas de bênçãos com preciosas oportunidades de refazimento.

Emocionados, elevamos nossa mente à presença amorosa do Pai e agradecemos o momento de redenção.

CAPÍTULO 23

– BÊNÇÃO DIVINA –

410. Dá-se também que, durante o sono, ou quando nos achamos ligeiramente adormecidos, acodem-nos ideias que nos parecem excelentes e que se nos apagam da memória, apesar dos esforços que fazemos para retê-las. Donde vêm essas ideias?

Provêm da liberdade do Espírito que se emancipa e que, emancipado, goza de suas faculdades com maior amplitude. Também são, frequentemente, conselhos que outros Espíritos dão.

410-a. De que servem essas ideias e esses conselhos, desde que, por esquecê-los, não os podemos aproveitar?

Essas ideias, em regra, mais dizem respeito ao Mundo dos Espíritos do que ao mundo corpóreo. Pouco importa que comumente o Espírito as esqueça, quando unido ao corpo. Na ocasião oportuna, voltar-lhe-ão como inspiração de momento.[33]

---

[33] KARDEC, Allan. *O Livro dos Espíritos*. Livro II – "Do Mundo Espírita ou Mundo dos Espíritos", capítulo VIII – "Emancipação do Espírito", item I – "O Sono e os Sonhos" (N.M.).

Retornamos a casa que nos recebia na cidade do Rio de Janeiro. Ao amanhecer, Fábio veio nos pedir auxílio, pois recebera a informação de que Cipriano se movimentava com o objetivo de promover, de alguma maneira, processo abortivo em Rachel.

Lá, identificamos imediatamente grande número de espíritos que se movimentavam ao seu redor. Cipriano estava na entrada da pequena casa. Sua postura era de defesa e notamos que seus olhos estavam avermelhados, flamejando, denunciando a raiva que sentia pelas últimas medidas de defesa que havíamos tomado.

– Hoje estamos preparados para causar os danos necessários para que nossa causa seja beneficiada. Aviso-lhes; não interfiram em nosso trabalho, caso contrário, terão consequências imediatas e irreversíveis para todos.

– Não tememos suas ameaças, sabemos que é dado viver a cada um conforme seu merecimento; mas também acreditamos no auxílio divino para os que desejam a renovação da vida. E o direito sagrado de todos ao recomeço e à reparação dos enganos passados é bênção divina em nossa vida. Estamos aqui em nome do Pai para auxiliar a todos os necessitados, incluindo o amigo Cipriano – avisou Ineque.

– Eu? Necessitado? – Cipriano explodiu numa gargalhada assustadora.

Fez um sinal aos companheiros, que logo se mobilizaram, produzindo estranho fenômeno energético, formado por imagens soltas num painel que movimentava com grande velocidade.

Rachel, desdobrada pelo sono, passou a receber informações de um passado doentio. Via-se cercada por homens que abusavam sexualmente dela. Machucada e sofrida, colocava a mão no ventre e via um monstro crescendo.

Em seguida, via-se envolvida por mil braços que a apertavam dolorosamente. Olhava à sua volta e via crianças, ainda bebês, que a torturavam, penetrando violentamente em seu frágil corpo e ocupando seu ventre, que era rasgado por dentes e unhas afiados.

As imagens foram se reproduzindo e, acuada pelo medo, a menina descontrolou-se. Levantando sonambulamente de sua cama, dirigiu-se à cozinha, pegou uma faca afiada e posicionou-a contra o ventre.

Rogério recebeu instruções de Ineque para que voltasse ao corpo material e socorresse a irmã. O rapaz levantou-se rapidamente da cama e correu para a cozinha. Acendendo a luz, percebeu o envolvimento de Rachel pelos espíritos malfeitores. Assustado, gritou o nome da menina.

– Rachel, acorde! Acorde!

Rachel, assustada, abriu os olhos e, percebendo o ato que iria cometer, jogou a faca longe e desmaiou nos braços do irmão.

Os espíritos que a assediavam se voltaram contra o rapaz e matreiros tentavam invadir seu campo vibratório. Inês acordou com os gritos do filho e, também assustada, correu para a cozinha. Ao entrar no aposento, ainda em desdobramento parcial pelo sono, percebeu a presença daquelas criaturas. Seu amor de mãe a fortaleceu e, com a voz firme e a postura daquela que amorosa defende os filhos, olhou para os espíritos em estado de demência e falou:

– Esta casa é minha, aqui recebo quem eu quiser, e vocês não são bem-vindos. Quero que saiam e deixem meus filhos em paz. – Com mais firmeza ordenou: – Saiam! Agora!

Os espíritos inferiores, que assediavam agressivamente os dois jovens, pararam no mesmo instante e, perturbados diante da postura firme da mãe que defendia os filhos, afastaram-se intimidados.

Aproveitamos o bendito momento e passamos a atender os que foram tocados pelo excelente sentimento materno. Aos poucos, a casa voltou a ter um clima vibracional de melhor qualidade.

Rogério e Inês, preocupados com Rachel, que demonstrava sério desequilíbrio emocional, resolveram levá-la até a maternidade, onde poderia ser observada por um médico.

Caio, que dormia profundamente, liberto da densidade do corpo físico, escutou os gritos da menina e desarvorado correu em seu auxílio. À sua espera estava Cipriano.

– Então você veio salvar a menina? – perguntou em tom de galhofa.

– O que você quer com Rachel? Por que nos persegue dessa maneira? – questionou o rapaz.

– Vocês? Vocês não me interessam de maneira alguma. Apenas não vou permitir que o infame fuja de mim novamente – respondeu com ira.

– Infame? A quem se refere? À criança? É isso? – questionou Caio.

– Ele mesmo, o traidor maldito que foge ao castigo. Desta vez não terei clemência, vou subjugá-lo pela eternidade. Vou lhe dar um conselho, moleque, não tente atravessar meu caminho que reduzirei sua família a pó – ameaçou o verdugo.

– Você me parece bastante cansado dessa postura maldosa. Vou aconselhá-lo como irmão que somos: repense seus objetivos, pois o mundo caminha, seus antigos companheiros de loucura estão caminhando, aprendendo e modificando seus valores morais. Vai chegar um dia em que estará sozinho e sem identidade, pois o que é realmente importante na vida você desprezou. Agora, peço-lhe que saia desta casa, onde não é bem-vindo por conta de seus propósitos – Caio falou com firmeza.

– Quem é você para impor-me condições? – inquiriu enraivecido.

– Apenas alguém que já descobriu que não precisa temer a maldade, porque ela é apenas reflexo da ignorância. Volto a pedir a você que saia desta casa.

Nesse instante tornamo-nos visíveis ao querido irmão. Fábio abraçou o filho e falou amoroso:

– Veja, meu irmão. Este é um convite de meu filho e apoiado por todos nós, mas também temos a opção de oferecer-lhe uma nova escolha de vida. Venha conosco, apenas fique alguns dias em nossa companhia, depois decida o que fará.

Cipriano, dominado pelo ódio, avançou sobre nós, que apenas oramos em benefício desse bendito momento. Enfraquecido em sua vaidade e orgulho, ele retirou-se da casa, proferindo maldições e impropérios.

– Caio, meu filho, você está bem? – perguntou Fábio.

– Estou sim, meu pai. Já tivemos alguns contatos com esse espírito, mas ele não me amedronta. Apenas estou preocupado com Rachel, que parece frágil e acessível aos assédios que sofre.

– Ela é muito jovem; tem vivido momentos bastante intensos emocionalmente, o que acabou por deixá-la vulnerável à influência desses irmãos ignorantes – constatei penalizado.

– Mas acredito que conseguirá superar esses momentos dolorosos. Seu futuro será de muitas realizações e aprendizados benéficos – completou Ineque.

– Mas, agora, você precisa voltar ao corpo físico. Logo vai amanhecer e Rogério vai entrar em contato com vocês, pedindo ajuda para a irmã. Aconselhe um atendimento fraterno; assim que seus amigos começarem a entender nossa amorosa doutrina, vão se sentir fortalecidos, e enfrentar esses momentos de provação será mais lógico – esclareceu Fábio, dirigindo-se ao filho.

– Obrigado a vocês pelo carinho e apoio.

༺ ༺ ༺

Ao acordar, Caio sorriu, pois conseguia lembrar-se de boa parte da conversa que tivera conosco. Animado, levantou-se, tomou um banho e foi para a cozinha preparar um café.

– Bom dia, mãe. Você acordou cedo hoje!

– Tenho plantão e uma amiga querida pediu que eu a cobrisse no segundo horário. Devo chegar a casa perto de meia-noite – avisou Angela.

– Então eu levo e busco Carol na escola, está bem? E hoje à noite vou me oferecer para levar a família de Rachel ao Centro Espírita; teremos atendimento fraterno e acredito que isso fará bem a eles.

– Você tem razão, já deveríamos ter pensado nisso, mas as coisas foram se complicando com tanta rapidez que pensei apenas no socorro material para a menina, apesar de já ter sido aconselhada a tomar essa iniciativa pelo dr. Fernando – respondeu Angela.

– Bom dia, que conversa animada logo cedo! Do que vocês estão falando? – perguntou Carol.

– Bom dia, minha filha. Eu e seu irmão estamos pensando em um atendimento fraterno para Rachel e Inês.

– Que bom, estava pensando mesmo em ir ao Centro Espírita hoje. Vamos todos juntos e depois podemos comer uma pizza. O que acham? – propôs Carol.

– Eu acho ótimo, mas não poderei ir com vocês; vou cobrir uma amiga no plantão; mas isso não quer dizer que vocês não poderão trazer uns pedaços para mim – disse Angela sorrindo. – Agora preciso ir, senão vou chegar atrasada; o trânsito até o hospital, esta hora, é terrível. Um bom dia para os meus dois amores.

Caio estava saindo de casa quando o celular tocou.

– Bom dia, Caio. Desculpe ligar tão cedo, mas estou muito preocupado com Rachel. O que será que podemos fazer mais por ela? Será que o atendimento fraterno não ajudaria? – questionou Rogério.

– Bom dia. Estava pensando sobre isso; conversei com minha mãe e Carol sobre o assunto e ia ligar para você para combinarmos de ir todos ao Centro Espírita.

– Que beleza, parece que havíamos combinado tudo antes mesmo desta conversa. Que horas nos encontramos?

– O atendimento começa às sete e meia; podemos chegar às sete, assim a Rachel poderá ser atendida logo.

– Combinado. Posso passar em sua casa e pegá-los, assim vamos num carro só.

– Ótimo, aviso Carol para ficar pronta. Até a noite.

ॐ ॐ ॐ

Chegando ao Centro Espírita, Rachel e Inês foram encaminhadas à sala de atendimento fraterno. Um senhor de aparência frágil as atendeu, solícito.

– Boa noite, Rachel e Inês. Meu nome é Antônio, mas todos me chamam de Toninho. Como você está, Rachel?

– Agora um pouco melhor, mas os últimos dias têm sido difíceis para mim e minha família.

– Você é irmã de Rogério?

– Sou sim, e esta é nossa mãe.

– Muito bem, sejam bem-vindas à nossa casa de oração e socorro.

– Obrigada, senhor – responderam Inês e Rachel.

– Você falou sobre dificuldades. O que a incomoda mais?

– Sinto como se estivesse sempre com a cabeça pesada, não consigo pensar direito, vejo vultos, sinto cheiros horríveis e um enjoo que não para. O médico já me deu remédios; eu tomo e não resolve – contou Rachel.

– Outro dia foi uma confusão lá em casa, acordei com gritos e quando cheguei à cozinha havia um espírito muito feio que tentava ferir meus filhos. Eu nunca fui de ver espíritos, mas agora... – completou Inês.

– E o que a senhora fez quando teve essa visão? – inquiriu o atendente.

– Mandei que ele parasse e fosse embora de minha casa, pois não ia deixar que fizesse mal aos meus filhos. Ele ficou meio assustado e sumiu – respondeu Inês.

– O amor maternal é um remédio poderoso, dona Inês, e se fosse seguido de uma prece fervorosa em benefício do irmão equivocado teria o efeito benéfico de modificar o caminho espinhoso que o infeliz elegeu para si mesmo – esclareceu o atendente.

– Orar por ele? Eu não pensei nisso – replicou Inês.

– A maneira mais eficaz de nos livrarmos do mal é por meio da excelente prática do perdão. Quando perdoamos, mudamos a nossa visão da dor e do mundo; passamos a exercitar virtudes misericordiosas, que estão latentes em nosso espírito. Dessa maneira, passamos a nos movimentar em outra faixa vibratória. Os infelizes que porventura insistirem em permanecer no mesmo ambiente negativo não poderão mais nos enxergar – explicou Toninho.

– Não entendi o que o senhor disse – informou Inês.

– É como a sintonia das faixas de um rádio; para escutar determinada estação temos de estar sintonizados nessa faixa, e todos os que estiverem próximos vão ouvir as mesmas músicas; se mudarmos de faixa escutaremos outras comunicações. Quando melhoramos a qualidade de nossos pensamentos, mudamos de faixa vibratória, então esses irmãos mais ignorantes perdem o acesso à nossa mente. Isso prova que somente a nossa concordância oferece ao invasor os meios de invadir nosso campo vibratório – esclareceu Toninho.

– Que interessante. Conforme o senhor nos explicou, fica mais fácil entender e resistir a essas invasões! – exclamou Inês admirada.

– Por que vocês não se integram a grupos de estudo da casa? Você poderá frequentar a mocidade espírita, Rachel.

– Mas estou grávida – objetou a menina.

– Que maravilha de oportunidade terá essa criança de se desenvolver dentro de uma Casa Espírita. E quanto bem fará a menina mudar o seu pensamento em relação ao mundo que nos abriga – completou Toninho.

– O senhor está nos dizendo que, quanto mais soubermos sobre a Doutrina Espírita, melhores condições de vida teremos? – questionou Inês.

– Se considerarmos que a maior chaga da humanidade é a ignorância, com certeza a consequência da educação sobre o globo será aliviar as dores e os sofrimentos, tanto dos encarnados como dos desencarnados, pois onde estamos eles também estarão, dependendo sempre da afinidade moral entre os companheiros – contemporizou Toninho com um sorriso nos lábios.

– O senhor faz parecer tão fácil! – exclamou Rachel.

– Difícil não é; afinal, somos dotados de inteligência, que precisa apenas ser educada para que nos manifestemos com mais equilíbrio – redarguiu o atendente.

– E a oração pelo jeito é um santo remédio – comentou Inês.

– Santo não, mas eficaz, com certeza – anuiu Toninho.

– Viemos aqui falar dos espíritos que nos perseguem... – começou Inês.

– E acabamos falando em melhorar a qualidade de pensamento, auxiliar esses irmãos doentes e sermos mais livres. Não é uma maravilha de vida? – Toninho questionou alegremente.

– Acho que é. Tudo ainda é muito novo para nós. Rogério frequenta o Centro Espírita há muitos anos, mas...

– Mas... de hoje em diante eu as convido a buscar conforto nas palavras de Jesus; o verdadeiro conforto, aquele que se origina em nossa mudança de atitude diante da vida, sendo mais mansos e pacíficos. Se for do gosto das meninas podemos nos juntar a um grupo que começa neste instante o estudo de *O Evangelho Segundo o Espiritismo*.

CAPÍTULO 24

– SEMPRE APRENDENDO –

411. Nos momentos em que se encontra desprendido da matéria e age como Espírito, conhece este a época de sua morte?
Muitas vezes a pressente; outras vezes tem dela uma consciência muito nítida. E é isto que, no estado de vigília, lhe dá a sua intuição. Eis por que certas pessoas às vezes preveem a morte com grande exatidão.[34]

Após o término do estudo do capítulo X – "Bem-Aventurados os Misericordiosos", Inês, Rachel, Rogério, Carol e Caio foram a uma pizzaria. Descontraídos, alimentaram-se e conversaram alegremente sobre os fatos acontecidos naquela noite.

---

34 KARDEC, Allan. *O Livro dos Espíritos*. Livro II – "Mundo Espírita ou Mundo dos Espíritos", capítulo VIII – "Emancipação do Espírito", item I – "O Sono e os Sonhos" (N.M.).

– O sr. Toninho nos disse que precisamos ter sempre pensamentos positivos e bondosos, que essa é a verdadeira oração. Acabamos por ofertar ao Pai a nossa boa vontade e nosso esforço, para que sejamos pessoas melhores – falou Inês.

– É isso mesmo, dona Inês. Se continuarmos a responder aos nossos oponentes da mesma forma, estejam eles por aqui ou por lá, no mundo dos espíritos, qual será a diferença entre eles e nós e qual será nosso direito a ter uma assistência mais caridosa? – questionou Caio.

– Vocês falam dessas coisas com tanta facilidade! Para mim é muito difícil entender essa necessidade de ser bondosa custe o que custar – respondeu Rachel.

– Dê um exemplo, Rachel – pediu Rogério.

– Aquele espírito que me obrigava a ferir o meu nenê... como posso rezar por ele, se cada vez que penso no assunto sinto raiva?

– O perdão puro e simples, como exemplificou Jesus, ainda não pode ser entendido por nós, que somos mais instinto que razão; mas isso não deve nos impedir de perceber a ignorância daquele que ainda se alegra com o sofrimento dos outros. O ato de orar ocupa nossa mente e nos ajuda a não alimentar a raiva e o ódio. Pelo menos para mim é assim que funciona – comentou Caio.

– Mesmo que minha oração não seja totalmente sincera, ela ainda é boa? – questionou Rachel.

– Com certeza. Pense: o que é melhor, um pensamento desejando o mal ou um esforço pessoal para que isso não aconteça? – completou Carol.

Rogério olhou para a moça encantado. Ela, sentindo o carinho, virou-se para ele, sorriu e estendeu a mão. Rogério a pegou com carinho e disse emocionado:

– Vocês conhecem minha namorada?

Alegres, todos aplaudiram a cena. Lágrimas de alegria escorreram pelos olhos expressivos da jovem, que, emocionada, ensaiou uma breve prece de agradecimento.

Rogério deixou os irmãos em casa, despedindo-se carinhosamente de Carol e prometendo telefonar no dia seguinte.

Acompanhamos a família de Rachel de volta ao lar. Logo à entrada da casa, Cipriano nos esperava. De imediato, notamos que estava irritado e ansioso. Esperamos a família entrar e nos aproximamos do infeliz companheiro.

– O que o aflige dessa maneira? – questionei.

– Vocês estão agravando as dores de todos. Eu os avisei de que nada vai nos impedir de realizar os planos feitos. Estão procurando encrenca e vão encontrar. Eu os espero ao amanhecer na entrada de nossa cidade, tenho uma surpresa os aguardando.

Saiu caminhando vagarosamente em direção às trevas, que elegera como companheira fiel.

⚜ ⚜ ⚜

Voltamos à Casa Espírita e ao Posto de Socorro do mundo invisível que nos acolhia. Dirigimo-nos para uma pequena e agradável sala de descanso. Sentia-me ansioso e resolvi visitar a torre de observação ao lado do Posto de Socorro.

A vista da cidade do Rio de Janeiro era belíssima. Ao fundo víamos a imagem do Cristo Redentor, iluminada por uma luz difusa. Admirado, percebi que havia grande movimentação de nosso plano à sua volta.

Fábio veio até mim e, alegre, ofereceu-me a oportunidade de observar de perto o que acabava de intuir. Deslocamo-nos para o monumento gigantesco e belo. Percebi ser um portal de entrada para a cidade espiritual daquela região. A movimentação de trabalhadores de nosso plano era intensa; a violência que havia tomado conta da população daquela cidade era motivo de preocupação nas esferas superiores e a ação contrária se tornava efetiva diante do socorro necessário.

Fábio cumprimentou a admirável entidade que comandava um grande grupo de socorristas.

– Querido amigo, que alegria vê-lo por aqui, no trabalho redentor, ao lado de nosso querido Mestre.

– Que saudades senti do amigo! Como estão nossos companheiros?

– Graças ao Pai, em franco processo de aprendizado. Desculpe, Vinícius, este é Amadeu, amigo de longa data, companheiro de reajustes e alegrias inenarráveis nessa vida de aprendizado constante – falou Fábio.

– É um prazer conhecê-lo, sabemos do trabalho que está realizando com a literatura de informação aos nossos amigos encarnados. Gostaria de agradecer por essa iniciativa; essas informações do trabalho sério, da necessidade de ação de todos, acabam nos auxiliando no processo de socorro que empreendemos ao lado dos mais ignorantes – disse Amadeu.

– Obrigado pelo carinho e incentivo; espero realmente estar cooperando com as lides socorristas. Uma curiosidade: esse portal para a bendita cidade espiritual Nosso Lar é recente? – perguntei ao amigo Amadeu.

– Não, existe antes da construção do monumento; teve origem na época em que apenas os aborígenes habitavam esta terra; porém, após a edificação do grande Cristo, as vibrações amorosas que são direcionadas ao local, às vezes por meio de um simples olhar, foi dando qualidades especiais ao ambiente. E, como nada se perde no mundo de Deus, amigos mais sábios perceberam que precisávamos aproveitar esse fenômeno. Assim foi projetado o Posto de Socorro; depois, o hospital, que surgiu pela necessidade urgente de atender quantidade cada vez maior de socorridos. Por conta do grande número de trabalhadores, percebemos a necessidade de edificarmos um polo de moradias, então o portal foi ampliado de acordo com as necessidades que surgiram – explicou.

– Vejo que existem alguns edifícios públicos neste perímetro – comentei com curiosidade.

– A grande movimentação de espíritos nesta área originou a necessidade de maior organização, então temos algumas coordenadorias que nos auxiliam nesse aspecto, mas que estão vinculadas às normas estabelecidas pela governadoria geral – falou Fábio.

– Muito interessante; as necessidades acabam por criar maneiras novas de organização.

– Isso é produtivo para todos, pois as oportunidades de trabalho e aprendizado acabam se multiplicando diante das necessidades. Até amanhecer ainda temos algumas horas; você gostaria de conhecer as dependências? – inquiriu Fábio.

– Seria um prazer enorme ver a dedicação dessas equipes socorristas que vejo; será de grande valia para a educação deste pretenso socorrista – falei sorrindo, e continuei: – A colônia Nosso Lar está bem próxima à atmosfera terrestre. Noto que existe uma semelhança na densidade energética – concluí.

– Conforme nos deslocamos para o centro percebemos que esse clima energético sofre modificações, porém, nos pontos de entrada mais próximos às regiões sombrias, realmente, sentimos uma resistência fluídica à nossa movimentação, que acaba produzindo nos trabalhadores uma sensação de cansaço físico. Por tudo isso, os Postos de Socorro, que servem de chegada aos irmãos socorridos e que estão espalhados por toda a cidade, contam com áreas de descanso, local onde nos esforçamos para manter uma qualidade de fluidos regenerados e relaxantes – contou Fábio.

– Esses pontos que o amigo citou como de entrada para os irmãos socorridos convergem todos para um único local? – questionei.

– Temos as câmaras retificadoras, os leitos de recuperação etc. Após a triagem inicial, esses doentes, ainda sofredores pela influência da matéria, são encaminhados ao lugar necessário ao seu refazimento. Podemos comparar esses Postos de Socorro à emergência dos hospitais terrenos – explicou Fábio. E continuou: – Veja, um aerobus está chegando ao nosso posto; vamos acompanhar e auxiliar na recepção aos recém-chegados.

Aproximamo-nos do veículo. Percebi que havia doze espíritos em estado lastimável dentro da condução; dementados, choravam e gritavam alucinadamente. Olhei para Fábio e perguntei:

– Poderia explicar-me esse socorro?

– Com prazer. As regiões sombrias são bastante densas; a sua existência remonta à época de povoamento do local pelos portugueses. Os espíritos que vieram desbravar a região eram comprometidos com as leis divinas e, aportados na nova terra, longe dos controles exercidos pelas leis sociais, acabaram agravando seus débitos perante o Pai. Ao desencarnarem, rejeitaram o socorro e foram se agrupando em cidades umbralinas de baixo padrão fluídico e moral. Assim o amigo pode deduzir o restante da história utilizando o conhecimento das leis de afinidade e sintonia – comentou Fábio.

– Isso explica o alto índice de criminalidade na região. E o que está sendo feito para minorar essa chaga? – perguntei compadecido pelo sofrimento que via estampado nas feições dos socorridos.

– A limitação desses irmãos, tanto motora como emocional e psíquica, acaba alimentando algumas comunidades que se valem desses descontroles. Muitos dos irmãos socorridos, como esses que chegaram, são usados como instrumentos nos conluios de vingança, em planos mirabolantes para atrasar a evolução planetária etc. Para minorar essas práticas, equipes de socorristas foram treinadas e desenvolveram habilidades para anular os processos hipnóticos de controle da mente dessas criaturas, que se sentem devedoras perante a vida e, não raras vezes, merecedoras de terríveis castigos. Por tudo isso não se opõem aos assédios mentais que acabam escravizando-os – esclareceu Fábio.

– Essas equipes que você mencionou trabalham de que maneira? Existe alguma prática socorrista diferente da habitual?

– Não, nada tão diferente. Eles trabalham em postos de socorro nessas comunidades sombrias e estão capacitados a reconhecer o menor sinal de arrependimento, que torne o socorro produtivo. Reconhecido esse sinal, e invisíveis aos olhos desses irmãos, pois ainda sofrem terríveis processos de isolamento mental, aproximam-se mentalmente evocando situações felizes vividas por eles. Quando as emoções são tocadas, eles procuram esse contato com mais e mais frequência, até o momento em que conseguem perceber a presença do amigo que o auxilia. Nesse momento, geralmente, suplicam por ajuda e para serem retirados das trevas que os envolvem há tanto tempo – explicou Fábio.

– Esses processos são demorados?

– Isso é relativo ao grau de ausência e controle da mente que o doente apresenta. Temos alguns socorridos que em breves contatos sentem a sua verdadeira origem, outros tantos insistem nos terríveis processos obsessivos, alguns por se sentirem merecedores do sofrimento, outros por gostarem do que estão vivenciando – afirmou Fábio.

– Gostam do sofrimento? Como isso é possível? – questionei surpreso.

– Ah! Meu amigo, os caminhos escolhidos por alguns nos parecem sem razão e propósito, pois nosso entendimento é diverso daquele; mas há os que sentem conforto na dor e só assim se sentem vivos – comentou Fábio.

– É o que chamamos de masoquismo – concluí.

– Exatamente; esse é um termo que foi usado pelo escritor austríaco Leopold von Sacher-Masoch, e define o estado patológico de uma pessoa que sente prazer por meio da dor física ou moral, ou apenas por imaginar que a sente. O masoquismo está associado aos desequilíbrios no desejo sexual e por esse motivo faz parte das características parafílicas.

– Esse desejo de sentir dor também está relacionado à necessidade da autopunição, não é? – perguntei ao amigo.

– Está sim. A psicologia moderna não leva em conta a existência das múltiplas encarnações. Dessa maneira, esses desvios comportamentais acabam recebendo diagnósticos imperfeitos, pois muitos consideram apenas a vivência desta encarnação; procuram traumas sofridos na infância e na adolescência para explicar os desequilíbrios. Ou, quando a causa não é encontrada nesse período, recorrem ao diagnóstico da psicopatia – falou Fábio.

– A psicopatia é derivada da sociopatia, não é? E também é considerada pela classe médica competente como um transtorno de personalidade que tem várias graduações para definir a gravidade da doença – refleti, lembrando-me de uma palestra da qual participara, já como espírito desencarnado.

– O nome científico para essa doença é Transtorno de Personalidade Antissocial. O que caracteriza uma psicopatia é: desvio de caráter, ausência de sentimentos genuínos, frieza, insensibilidade aos sentimentos alheios, manipulação, egocentrismo, falta de remorso e culpa por atos cruéis cometidos e inflexibilidade com castigos e punições – revelou Fábio.

– Confesso não conseguir entender essa reação a fatos, muitas vezes, de crueldade extrema – comentei.

– Os sentimentos estão ligados ao nosso aprendizado e também à saúde de nosso equipamento físico, nesse caso o cérebro. Se há danos cerebrais, as informações recebidas acabam perdendo algumas características necessárias para ativar a parte que controla as emoções. Isso não quer dizer que ele não tenha a capacidade intelectual de saber o que é certo ou errado, mas não tem a capacidade emocional de sentir o erro – contemporizou Fábio.

– Na psicologia terrena há algumas características necessárias para se chegar ao diagnóstico de psicopatia? – inquiri.

– Há sim: doenças mentais, danos neurológicos e abusos infantis estão presentes na formação de um psicopata; mas alguns estudiosos do assunto estão pesquisando o fato de substâncias alucinógenas associadas a um desses itens poderem desencadear surtos psicóticos. O dr. Jonathan Pincus, Chefe da Neurologia do Hospital de Veteranos de Washington e professor da Escola de Medicina da Universidade de Georgetown, consultor do governo americano para avaliar crimes hediondos, como aqueles praticados por assassinos em série, relata um caso bastante interessante. Russell Weston, que assassinou dois guardas dentro do Capitólio dos Estados Unidos, o prédio do Congresso americano, relata que o rapaz não tinha danos neurológicos e também que, por meio de pesquisas exaustivas, tinha chegado à conclusão de que ele não havia sofrido abuso na infância, porém tinha apresentado um quadro preocupante de alucinação e relatava que ouvia vozes, o que motivou uma internação em uma casa de saúde mental no estado de Montana – informou Fábio.

– Percebo que os diagnósticos acabam ficando limitados, pois, se as razões não são encontradas na encarnação presente, devemos considerar causas pretéritas. Aliás, todo dano encontrado em nosso corpo material teve origem em atos falhos contra a nossa origem divina – refleti.

– São as chamadas marcas ou manchas perispirituais. Todo desequilíbrio contra nós mesmos ou contra nosso próximo acaba provocando graves desequilíbrios energéticos, que se manifestam em forma de fragilidades orgânicas. Ao deixarmos a matéria, caso não tenha havido conscientização e reparação do erro cometido, nosso perispírito fica marcado de maneira indelével. Quando nos damos conta dos descréditos e resolvemos passar para um processo de reeducação do espírito, essas marcas acabam se refletindo na nova matéria, em forma de doenças. Assim, quem comete suicídio, lesa o órgão ou órgãos atingidos, ou, no caso de quem usa de forma equivocada a inteligência, se manifestarão desarranjos cerebrais etc. – completou Fábio.

– E nosso livre-arbítrio nos proporciona a oportunidade de escolher como vamos nos manifestar nessa nova existência: lutando equilibradamente contra as nossas limitações, ficando revoltado pelas dificuldades ou ainda lamentoso e sem ânimo para a luta edificante – concluí.

– O presidente da Casa Espírita que nos acolhe nos pede auxílio neste momento – informou Fábio, após alguns momentos de silêncio.

Dirigimo-nos à casa do querido amigo de lides espíritas. Ele estava sentado na sala com o excelente livro da codificação espírita: *O Evangelho Segundo o Espiritismo*. Portador da dupla vista, logo nos identificou.

— Boa noite, amigos. Obrigado por atenderem ao meu chamado.

— Boa noite. O que o incomoda, amigo? Sinto que está bastante emocionado — redarguiu Fábio.

— Você está certo em suas deduções; acabo de lembrar-me que em breve devo deixar a vida como encarnado. O dia se aproxima, mas ainda me preocupo com nossa casa. Será que terão forças para manter funcionando o socorro edificado em trabalho constante? Sinto que vou partir e não consegui delegar responsabilidades para que tudo continue da maneira correta.

— E qual é a maneira correta, meu amigo? Lembre-se de que, quando o coordenador de trabalhos anterior se foi, deixou em seu lugar um jovem com ideias renovadoras para dar continuidade aos trabalhos da casa. Se avaliarmos o que aconteceu depois, devemos concluir que foi bastante produtivo, não é?

— Ele era meu pai e várias vezes se mostrou inseguro com as minhas atitudes e pensamentos.

— E o que está acontecendo agora com você?

O querido amigo levantou os olhos e sorrindo disse:

– Tal pai, tal filho. Espero também que seja assim para tal amigo. Obrigado por seu auxílio. Estou melhor, desculpem atrapalhá-los, sei que possuem diversos outros trabalhos à sua espera. – Alegre, sorriu e concluiu: – Agora podem ir, vou dormir um pouco, enquanto ainda posso. Depois que partir quero aproveitar cada segundo para trabalhar.

Despedimo-nos do companheiro e saímos andando pela cidade que nunca adormecia.

– Ineque nos avisou que devemos nos juntar ao restante da equipe para participarmos das preces do alvorecer. Depois vamos ao encontro de Cipriano – avisei Fábio.

CAPÍTULO 25

– NOVA LUZ –

412. Pode a atividade do Espírito, durante o repouso ou durante o sono, produzir-lhe fadiga?
Sim, pois o Espírito está ligado ao corpo assim como o balão cativo ao mastro. Ora, da mesma maneira que as sacudidas do balão abalam o mastro, a atividade do Espírito reage sobre o corpo, e pode produzir-lhe fadiga.[35]

A cidade Caos Profundo nos pareceu mais sombria do que antes. Entidades com deformações terríveis e estados mentais desesperadores nos aguardavam na entrada. Como num circo de horrores, dançavam e cantavam alto; era um som estridente e sem harmonia alguma, que nos

---
35 KARDEC, Allan. *O Livro dos Espíritos.* Livro – II "Do Mundo Espírita ao Mundo dos Espíritos", capítulo VIII – "Emancipação do Espírito", item I – "O Sono e os Sonhos" (N.M.).

pareceu dar origem a petardos que insistiam em penetrar no nosso campo vibratório. De repente, movimentaram-se na direção de nosso grupo e formaram um círculo à nossa volta. Começaram a girar vertiginosamente e modificaram a atmosfera energética, deixando-nos enfraquecidos.

Ineque, mentalmente, advertiu-nos sobre o perigo de perdermos o controle de nossas emoções e esquecermos o objetivo principal de nossa missão naquele momento, que seria, antes de qualquer atitude, seguir os ensinamentos do Mestre amado e mostrar a misericórdia para com aqueles que sofriam.

Unidos num só pensamento, oramos a prece que nosso Mestre Jesus nos ensinou, compadecidos pela dor de nosso próximo. Lágrimas sinceras de amor banharam nossas faces; emocionados, vimos a dor se transformar em lamento e a tristeza, que parecia sem fim, em oportunidade. Uma equipe socorrista veio em nosso auxílio e passou a movimentar os irmãos adoecidos em direção ao Posto de Socorro mais próximo.

Continuamos nossa caminhada, observando que Cipriano ainda não havia aparecido. Chegamos à estranha praça, silenciosa e deserta. Ineque nos indicou o caminho íngreme que nos levaria à Origem de Fogo. Tudo estava silencioso; não ouvíamos nem ao menos o farfalhar das folhas secas ao vento.

Andamos por alguns minutos e chegamos ao portal de entrada do grande edifício. As portas estavam abertas; entramos em silêncio e em prece. Percorremos toda a extensão e não encontramos ninguém. Sentamos no chão do grande salão e passamos a orar fervorosamente em benefício daquela comunidade. Depois de alguns minutos, sentimos a presença de Cipriano, que vagarosamente chegava para se juntar ao nosso grupo. Ele se dirigiu ao centro do círculo e olhou para cada um de nós:

– Eu não os temo, estive ausente para fortalecer-me e voltar ao passado. Recordei os sofrimentos e as traições dos quais fui vítima. A confusão que ameaçava a minha sanidade se foi e hoje estou mais forte do que antes. Não há nada que possam fazer por mim, porque não preciso de nada que vocês possam oferecer. O mundo de vocês não me atrai, eu não entendo a maneira como veem a vida nem quero mudar. Faço um excelente trabalho nesta comunidade reencarnacionista, uma das muitas existentes no planeta. – Olhou fixamente para Fábio e continuou: – Não quero mais saber de nosso passado. Você e aquele demente podem continuar com seus planos pequenos e ridículos. Vou entregar-me a outra causa, de maneira plena e fiel; serei servidor e mestre daqueles que pretendem permanecer por aqui e elegeram esse momento como o ideal para ser vivido pela eternidade. Não mais perderei tempo com questões pessoais. O centro está vazio; realocamo-nos e não queremos interferências de seu plano. Agradeçam a mim ou ao seu Deus, mas voltem e não mais nos perturbem. – Dizendo isso, saiu do ambiente.

Permanecemos por ali algum tempo; depois saímos serenamente do grande edifício e estávamos observando a grande e estranha edificação quando um grande barulho se fez ouvir e vimos o prédio transformar-se e desaparecer. Em seguida, o mesmo processo aconteceu com a cidade Caos Profundo.

Lembrei-me e comentei sobre essa abordagem em O Livro dos Espíritos, Livro III – "As Leis Morais", capítulo – "A Lei de Destruição", questão 728:

É a lei da Natureza a destruição?

Preciso é que tudo se destrua para renascer e se regenerar. Porque, o que chamais destruição, não passa de uma transformação, que tem por fim a renovação e melhoria dos seres vivos.

Olhei para os meus companheiros e sorrimos felizes. O ato de destruir o que não mais atendia à necessidade daquele grupo foi o início de uma nova era. Acreditamos que toda transformação acaba por dar início à evolução. Além desse fato primordial, percebemos que Cipriano incitou aos outros chefes a ideia de mudança por temer a nossa presença em sua vida.

⚜ ⚜ ⚜

Voltamos ao Centro Espírita, na cidade do Rio de Janeiro, onde Fábio nos convidou para visitar sua família, que planejava reconstruir a casa da chácara.

Rachel, Rogério e Inês também estavam presentes. Animados, vimos o ambiente sereno que os envolvia e percebemos felizes que se sentiam como uma única família. Rogério e Carol conversavam, encantados um com a presença do outro. Inês e Angela preparavam uma deliciosa refeição no fogão a lenha.

Aproximamo-nos de Rachel e Caio, que conversavam animadamente:

– E como estão os pais de Airton? – perguntou Caio.

– Parecem estar mais conformados com a morte dele. Agora que sabem que serão avós sentem-se um pouco mais felizes. Estão me mimando demais – falou Rachel.

– Fiquei com pena pelo desencarne do rapaz, mas acredito que ele cumpriu seu compromisso entre nós e está melhor hoje com a oportunidade que teve de proceder à cura de sua área cardíaca – completou o rapaz.

– Eu não sei se ele entendia direito o que estava acontecendo com seu corpo, pelo menos na visão espírita. No dia em que morreu fui visitá-lo de manhã e conversamos bastante. Falei sobre o Centro Espírita, o que estava aprendendo com a Doutrina Espírita e a gravidez. Ele ficou muito emocionado e disse que seria muito bom se fosse verdade que ele apenas iria mudar de plano, assim poderia ver o filho crescer – comentou Rachel.

– Isso que fez por ele foi lindo, pois deu esperança ao seu coração. Deve ser triste para as pessoas que estão prestes a desencarnar deixarem para trás as pessoas que amam, as situações que anseiam viver e concluírem que nada mais terá futuro, que a partida será definitiva e do outro lado nada melhor as espera – concluiu Caio.

– Ah! Caio, espero realmente ter ajudado de alguma maneira. As coisas que estava vivendo me deixaram egoísta quanto a Airton; eu poderia ter feito um pouco mais, passado um tempo a mais com ele, dividido um pouco o que aprendia – queixou-se Rachel.

– Você é muito jovem, Rachel. Os últimos tempos foram atribulados e dolorosos. Você precisou lidar com muita dor, perda, insegurança; com certeza, fez o melhor que pôde. Tudo o que você viveu nesses últimos tempos a amadureceu e modificou seu comportamento e a maneira como você vê as coisas. Daqui a dez anos então, se você avaliar os acontecimentos de hoje, com certeza sua reação não chegará nem perto do que imagina que faria – falou Caio sorrindo.

– Você tem razão. Agora preciso pensar em meu filho. Eu já lhe falei, não? O médico que fez o ultrassom disse que é um menino.

– Falou sim, mas pode contar tudo de novo que vou gostar de ouvir.

– Ah! Caio, ele é lindo! Deu para ver até o narizinho. Eu queria que você fosse ao próximo exame para vê-lo também – pediu Rachel.

– Vou sim, você me avisa o dia que eu peço licença no trabalho. Precisamos combinar a festa de seus catorze anos, que será na próxima semana. O que você gostaria que fizéssemos? – questionou Caio.

– Nada de mais; gostaria de passar o fim de semana aqui.

– Mas não temos onde dormir. A casa se queimou, lembra?

– Podemos armar barracas. Só nós dois, sua mãe, a minha, a Carol e o Rogério. Aí fazemos doces, salgados, biscoitos, bolos, colhemos frutas, pescamos na lagoa e dormimos embaixo das estrelas – completou Rachel, levantando e gesticulando muito.

– Combinado. Viremos na sexta-feira à tarde, montamos as barracas e começamos a fazer essa comida toda – concordou Caio.

Admiramos a serenidade daquela reunião e percebemos quão pouco precisamos para sermos felizes.

Voltamos ao Centro Espírita para nos despedir dos amigos que fizemos durante o atendimento à família de Rachel e Fábio.

– Desejo a vocês sucesso em seus trabalhos socorristas; que o Mestre Jesus os intua e fortaleça – desejou Fábio abraçando-nos.

– Que a paz do Senhor envolva a todos – desejei ao amigo.

Retornamos à Casa Espírita Caminheiros de Jesus a tempo de participarmos das preces de encerramento de um dos trabalhos noturnos. O grupo, que terminava os estudos, despediu-se feliz por ter participado de mais uma atividade enobrecedora da alma.

Sentamo-nos numa pequena e agradável sala de descanso e passamos a trocar ideias sobre o que havia nos ocorrido na cidade Caos Profundo.

– Confesso estar meio confuso com os últimos acontecimentos – comentou Maurício.

– Acredito que Cipriano percebeu que não conseguiria levar adiante seus planos de vingança contra Fábio e todos os envolvidos. Ainda espírito orgulhoso, longe de atitudes humildes, resolveu abandonar por um tempo seus desejos pessoais, criando a impressão de estar fazendo uma escolha maior em detrimento de suas necessidades – falou Ineque.

– Então você acredita que ele voltará a incomodar aqueles que considera como adversários? – questionei.

– Acredito sim. Um sentimento tão forte como o ódio, alimentado durante tanto tempo, que o levou a uma preparação pessoal em função da execução da penalidade que considera justa, não será esquecido de forma tão fácil – explicou Ineque.

– Mas por que o afastamento? Medo ou estratégia de ação? – perguntou Maurício.

– Diante do raciocínio exposto por Ineque, acredito que sejam os dois; ele apenas se afastou para se fortalecer, proteger o projeto da comunidade à qual pertence, e também para nos confundir, a fim de relaxarmos a vigilância e ele poder contar com a surpresa de um novo assédio, não mais esperado – comentei.

– E o que podemos fazer para prevenir essa ação nefasta? – perguntou Ana.

– Os envolvidos nesta trama estão no bom caminho, há paz e harmonia entre eles, que aprendem a conhecer o Evangelho de Jesus. Estudando as literaturas espíritas conseguem esclarecer os trâmites da vida. Acredito, sinceramente, que conseguirão entender e resistir ao mal aparente – respondi com alegria.

— E Rachel? Ela me pareceu bem, mas ainda muito frágil em sua fé. Saberá reconhecer momentos de baixa vibração? E, se isso acontecer, terá condições de perceber quando as influências negativas se aproximarem de sua psicosfera? – indagou Maurício.

– Não devemos sofrer nem questionar o que ainda não aconteceu. Estamos aqui à disposição do serviço cristão em benefício aos necessitados. Se for necessária a nossa presença, Fábio poderá nos solicitar auxílio – esclareceu Ineque.

– Você tem razão, meu amigo. A cada dor a hora certa, assim como andamos aprendendo neste adorável mundo de Deus – comentei.

Fizemos uma prece em benefício de nós mesmos e da humanidade e continuamos o nosso trabalho de amor.

⚜ ⚜ ⚜

Alguns meses se passaram; estávamos sempre em contato com Fábio e ele nos informava sobre os acontecimentos mais significativos da vida de nossos amigos.

– Bom dia, amigos! Rachel deverá ir para a maternidade em poucos minutos. Nosso querido amigo está prestes a entrar no mundo material.

– Que boa notícia; vamos até lá para recepcioná-lo – disse animado com a boa-nova.

Reunimo-nos na sala de espera da maternidade, somando nossa alegria com a de amigos e parentes.

Alguns minutos haviam se passado quando percebemos a presença de Cipriano, que nos olhava de maneira furtiva. Aproximei-me do amigo e perguntei:

– Como está o amigo Cipriano?

– Ainda não sou seu amigo! Mas estou muito bem, como pode ver com seus próprios olhos.

– Alegro-me em vê-lo bem-disposto.

– Não quer saber a razão de minha presença nesse momento?

– Se você quiser compartilhar comigo os seus pensamentos, terei prazer em ouvi-lo.

– Sabemos das incursões de sua equipe em nossas novas instalações e não nos importamos. Já consegui dirigir os esforços necessários para concretizar nossos planos; agora estou mais livre para voltar a pensar em negócios próprios.

– E o que o irmão deseja?

– Vingança! Permiti o nascimento do traidor, agora vou trabalhar pelo seu suicídio, só isso.

– Fico compadecido por seus sentimentos tristes, mas ainda acredito que em breve despertará para sua verdadeira origem.

– Espere e verá! Hoje estou mais forte e determinado em meus propósitos. Adeus!

– Que a paz de nosso Mestre amado o acompanhe.

Ele nos olhou com sarcasmo e saiu da sala de espera da maternidade em direção aos corredores. Foi impedido de continuar pela equipe treinada para proteção daquela casa abençoada. Enraivecido, levantou os braços e emitiu um horrível som agudo, o que criou à sua volta estranha formação energética, que se avolumou ao redor de seu corpo semimaterial, dando a ele aparência gigantesca.

Enlouquecido pela dor da própria ira, elevou-se no ar e passou a girar em vórtice ascendente. Imediatamente, os trabalhadores do Senhor reuniram-se à sua volta, isolando a densa camada energética. Após alguns segundos, exausto, ele resvalou ao chão como massa disforme e doente. Seu corpo exalava estranho odor. Trêmulo e enfraquecido, os olhos esbugalhados estavam fixos nas trevas dos sentimentos sombrios. Sua voz rouca e quase inaudível repetia sempre a mesma palavra: "Dor, dor, dor, dor...".

Compadecidos do irmão doente, aproximamo-nos com carinho. Fábio tomou-o nos braços cuidadosamente e, com lágrimas nos olhos, agradeceu-nos o auxílio e foi em busca de um lugar seguro para o irmão querido.

Olhei para a porta de entrada da grande casa de saúde e percebi a presença de um irmão a nos observar. Aproximei-me dele e o inquiri com carinho:

– Posso auxiliá-lo em alguma coisa?

– Auxiliar-me? Talvez, vamos ver o quanto suportarão o meu ódio – respondeu com voracidade.

– Ódio? Por que ódio, meu irmão? – questionei com serenidade.

– Conseguiram enlouquecer nosso comandante, mas já prevíamos tal fato e estamos preparados para uma batalha. Assim, estarão enfrentando os melhores de nosso reino – respondeu com prepotência. – Estamos preparados para resistir ao seu assédio e desrespeito. Traremos ao mundo uma nova ordem de comando mais forte e justa.

– Mais justa que as oportunidades oferecidas por Deus diante de nossas falhas? – questionei.

– Justiça? Respeito? Onde existe isso em seu mundo? Se não nos submetermos à vontade de seu Deus, seremos castigados e expatriados. Isso é coação e não respeito. E nada do que me disser vai me fazer mudar de ideia. Poupe seus esforços para a guerra iminente. Varreremos o planeta com nossos exércitos e tomaremos cada canto e espaço, nada sobrando que possa servir-lhes – ameaçou-nos com gritos e gestos bruscos.

Ineque aproximou-se e com humildade abaixou a cabeça, unindo as mãos à frente do corpo e dizendo com emoção:

– Seja feita a vontade de nosso Pai. Agora devemos nos retirar do ambiente, pois aqui mora a esperança e a luz do amanhã. Até breve, companheiro de amor.

Erguendo os olhos aos céus, iniciou a prece ensinada à humanidade por nosso amado Mestre Jesus. Imediatamente, intensa luz de amor banhou o ambiente abençoado. O novo comandante da Origem de Fogo ordenou a seus seguidores que o acompanhassem; afastou-se e depois olhou para trás e, dizendo com cinismo:

– Apenas esperem as novas medidas que serão tomadas.

ঞ ঞ ঞ

Rachel estava na sala de parto. Tudo corria de acordo com o esperado. Caio encostou-se no sofá e fechou os olhos, sentindo certa sonolência; tentou lutar contra a sensação de torpor que o dominava, mas cedeu. Viu-se na sala de entrada da maternidade observando a movimentação que acabamos de descrever. Atento aos acontecimentos ficou em um canto orando com carinho em benefício dos irmãos menos esclarecidos. Depois da retirada do comandante, aproximou-se de nós e perguntou:

– E agora, o que poderemos fazer para auxiliar? Será que ele também vai perseguir nossa família?

– Acreditamos que não, pois apenas Cipriano os via de maneira pessoal; para esse novo comandante pareceu-me que o importante é atrasar o progresso moral da humanidade. Para ele, uma das formas de ação é preservar a instituição Origem de Fogo e outras com projetos semelhantes – respondeu Ineque.

– Já sabemos a nova localização dessa comunidade? – perguntei a Ineque.

– Nunca a desconhecemos, apenas deixamos a vida acontecer para que os propósitos divinos se concretizassem. Cipriano já mostrava cansaço e tristeza, era apenas uma questão de tempo acontecer a iluminação dessa mente quando estivesse pronto – comentou Ineque.

– Ainda teremos muito trabalho pela frente, posso prever – falei ao companheiro querido.

– Teremos sim. A cidade Caos Profundo é muito bem organizada e disciplinada. O espírito que vai reencarnar, para ser um formador de opinião juvenil, deverá concluir esse processo em breve. Estamos convidados para presenciar esse momento, quando o plano melhor começará a sua ação – informou Ineque.

Nesse instante, Caio foi chamado por Angela e nós continuamos nossa conversa.

– E quanto ao novo comandante da instituição reencarnacionista, conhecemos sua identidade? – perguntei.

– Após algumas pesquisas, irmãos que estudam esses agrupamentos chegaram à conclusão de que ele possui características vibracionais muito próximas a um irmão que andava se escondendo no submundo espiritual – contou Ineque.

– E quem seria essa entidade? – questionei curioso.

– Acredito que teremos essa informação muito em breve, e ela nos será útil a partir do momento em que for necessária para nosso entendimento – respondeu Mauro, que se juntou a nós.

– Que prazer ver o amigo por aqui – cumprimentou Ineque, abraçando o companheiro de trabalhos socorristas.

– Também me alegro bastante, isso me parece ser indício de que vai se juntar ao nosso grupo para a continuação desse trabalho que iniciamos socorrendo a família de Fábio – afirmei.

– Isso mesmo, meus amigos, fui convidado para participar desse trabalho amoroso que beneficiará toda a humanidade – respondeu Mauro.

– Pelo que percebo, o reencarne desse espírito está sendo esperado pelos dois planos – respondeu Ineque.

– Sim, mas com pontos de vista diferentes. Com a modificação do estado mental desse espírito, ajudaremos no momento da fecundação. Apesar de o planejamento reencarnatório prever a chegada dele por meio de irmãos encarnados que se mantêm aquém da evolução moral, tentaremos fazer uma troca – explicou Mauro.

– Como assim? – perguntei.

– Estamos preparados para modificar a origem familiar desse irmão – informou Mauro.

– Mas isso bastará para modificar a sua ação sobre a sociedade jovem? – perguntou Ineque.

– Não, pois o jovem levará consigo toda uma estrutura mental preparada com propósitos maléficos. O que esperamos é que, sob a guarda de pais amorosos e cristãos, essa consciência ganhe outras formas de ação – explicou Mauro.

– Dessa maneira haverá conflitos morais importantes a serem vivenciados, que serão benéficos para a compreensão moral desse espírito – concluí com alegria.

– Em *O Livro dos Espíritos*, questão 367, Kardec pergunta se o espírito, ao unir-se ao corpo, identifica-se com a matéria, e obtém a seguinte resposta dos espíritos superiores: *A matéria é apenas o envoltório do Espírito, como o vestuário é o envoltório do corpo. Unindo-se a este, o Espírito conserva os atributos da natureza espiritual.*

– E quando será o momento de início do processo reencarnatório? – perguntou Ineque.

– Seremos informados a qualquer momento. Proponho nos mantermos em prece petitória para que os planos dos servidores do Pai possam ser executados com sucesso – pediu Mauro.

– Desculpe, meu amigo, mas só mais uma pergunta.

– Se eu puder responder... – disse Mauro.

– E as equipes sob o comando do novo senhor das trevas, como reagirão?

– Com certeza devemos nos preparar para resistir ao assédio que será ordenado, inclusive aos pais que receberão o irmão em seu lar; porém são espíritos preparados para essa tarefa e bem conscientes da importância da missão assumida – respondeu Mauro.

– Então, oremos com o melhor de nossos sentimentos – completou Ineque emocionado.

CAPÍTULO 26

– NECESSITADOS DE TOLERÂNCIA –

344. Em que momento o Espírito se une ao corpo?
A união começa na concepção, mas só é completa no instante do nascimento. A partir da concepção o Espírito é designado para ligar-se a determinado corpo, e este realmente se liga por um cordão fluídico, que se vai encurtando gradativamente, até o instante em que a criança nasce. O choro, que então se escapa dos seus lábios, anuncia que o bebê entrou para o número dos encarnados e dos servos de Deus.[36]

Aproximamo-nos da casa que deveria ser o lar da entidade que visitamos na Origem de Fogo. O prédio

---

36 KARDEC, Allan. *O Livro dos Espíritos*. Livro II – "Do Mundo Espírita ou Mundos dos Espíritos", capítulo VII – "Retorno à Vida Corporal", item II – "União da Alma e do corpo. Aborto" (N.M.).

encontrava-se rodeado por espíritos bulhões e arruaceiros; pareceu-nos que se preparavam para uma grande festa. Alguns ostentavam coroas e vestes nobres, embora em farrapos.

Ouvíamos gritos e palavras de ordem proferidas pela turba enlouquecida; algumas entidades que demonstravam autoridade foram se posicionando e controlando seus asseclas, mobilizando assim um exército que mostrava estar preparado para reagir ao menor sinal de perigo.

O espírito reencarnante estava reduzido em tamanho e era levado em estranho veículo, que foi estacionado na entrada da casa. Uma entidade vestida com roupas muito coloridas, com gestos exagerados, tomou-o no colo e com cuidado entrou na casa, acompanhada por outros irmãos que lhe serviam de segurança.

Ao entrarmos no quarto, percebemos que o ambiente fora propositalmente preparado para a ocasião. Muitas velas estavam acesas, exalando um odor forte e enjoativo. Imagens de entidades adoradas por seitas pagãs estavam estrategicamente espalhadas pelo aposento. A cama estava coberta por lençóis de cor preta e vermelha.

Entidades que rodeavam o leito vestiam-se à semelhança das imagens ali dispostas, rodopiavam e entoavam um cântico de melodia lúgubre, proferindo palavras de ordem moral equivocada com a origem divina de todos nós. Um casal estava alcoolizado e drogado. Vestiam-se de forma extravagante. Ao se entreolharem, o rapaz falou com voz alterada:

– A hora se aproxima.

A mulher, ainda muito jovem, mostrou exagerada excitação diante da ideia de estar à disposição de uma causa além da sua limitada compreensão.

– O pai Omilio disse que deveríamos fazer sexo à meia-noite, mas ainda faltam alguns minutos.

– Tem razão, devemos fazer as coisas como nos foi pedida, vamos esperar.

Nesse momento, o comandante daquele agrupamento entrou no aposento. Vestia-se como os famosos sacerdotes da Inquisição. A um sinal seu, os asseclas começaram uma movimentação frenética, rodopiando ao redor do leito, transformando e moldando a energia em imagens obscenas, que eram, imediatamente, projetadas na mente do casal.

O comandante, tomando o pequeno núcleo perispiritual em suas mãos, elevou-o acima da cabeça e disse em voz rouca e excitada:

– Começamos agora, neste instante, uma nova era para a humanidade, a era da escuridão.

Nesse momento, intensa luz vinda do mais alto iluminou cada canto daquele aposento. Um vento invisível se fez sentir no corpo ardente pela excitação do momento; as velas se apagaram; as entidades ali presentes, naquele ritual macabro, desabaram sobre si mesmas. O comandante, confuso, mas ainda alerta, procurou evadir-se do aposento, tentando proteger o projeto de tanto esforço.

Uma adorável irmã, do plano invisível mais nobre, interpelou-o com carinho e disse amorosa:

– Meu querido irmão, entregue nosso filho amado, liberte-o do cativeiro em que o mantém há tanto tempo.

O triste irmão olhou-a confuso e disse:

– Como? Como está aqui, se eu mesmo a trancafiei no inferno mais profundo?

– Acolhida pelo amor do Pai, libertei-me sem demora. Tenho em meu coração o mais amoroso dos compromissos: auxiliar a todos na recuperação de sua origem. Amo-os demasiado para não ter a vontade de vê-los libertos do cativeiro mental em que se encontram. Aceite, meu amado irmão, a mão que agora lhe estendo.

Estendendo os braços em direção ao admirado comandante das trevas, Alice, o nome da bondosa criatura, irradiava doce energia de amor e perdão que envolvia a todos nós: socorridos e socorristas.

Emocionados, aproveitamos o momento e passamos a atender aos pedidos de auxílio proferidos por mentes ainda em desequilíbrio.

O comandante, enfurecido, olhou a doce criatura e vociferou:

– Não vai mais me trair; matarei esse inútil fardo para que nunca mais seja encontrado em nenhum reino. E você, espere, um dia vou encontrá-la!

Alice, com os olhos marejados de lágrimas de amor, que mais se assemelhavam a gotas de luz, olhou o pequeno corpo que seu interlocutor apertava freneticamente e sem esforço tomou-o para si, dizendo:

– Você tem razão, meu amado amigo, hoje iniciamos uma nova era. A era da esperança, do perdão e do amor fraterno. Deus o conduza nesta nova estrada de Damasco.

Imediatamente, deslocamo-nos do local e nos dirigimos a uma casa simples e muito bem cuidada, o que percebemos pelo carinho em cada pequeno detalhe. Entramos no quarto de um casal, que, abraçados amorosamente, trocavam juras de amor eterno. A cada gesto e palavra emanava doce energia que impregnava o ambiente, iluminando e purificando-o para o tão esperado momento da concepção de um filho amado. A mulher, de uma beleza singela e doce, falou:

– Sérgio, sei que hoje é um dia especial em nossa vida; sinto que seremos agraciados com o filho que tanto esperamos. Ah! Como eu o amo desde já!

– Amanda, se isso for verdade, se formos abençoados com um filho, terei realizado o mais doce sonho de nossa vida. Há quanto o esperamos! Eu também o amo demasiado desde já, e quero que ele saiba disso.

Alice, emocionada pelo sublime momento, auxiliou delicadamente e consolidou a ligação entre aquela mãezinha e o novo ser.

Depois, retiramo-nos do ambiente, deixando ali, naquele lar de amor, o início de uma nova vida, de uma nova esperança.

Por precaução, Alice solicitou-nos a presença de alguns trabalhadores com o objetivo de evitar o assédio àquela família, visto que os componentes da Origem de Fogo desconheciam o destino de Paulo, o nome que receberia nessa oportunidade bendita.

Felizes pelo sucesso do socorro empreendido, recitamos uma prece de agradecimento, pedindo que aquele lar de amor fosse abençoado, para que Paulo conseguisse aprender a reconhecer a sua origem divina, o amor e a esperança. E que no futuro o seu planejamento inicial sofresse transformação moral para que ele encontrasse a felicidade advinda da liberdade do pensamento em busca de si mesmo.

Retornamos à cidade de Ribeirão Preto, à Casa Espírita que nos acolhia, e percebemos intensa movimentação em suas imediações.

Logo à entrada, encontramos algumas entidades que exigiam explicações sobre a ação do plano melhor, interferindo no processo reencarnatório de Paulo. Aproximei-me de um senhor que me pareceu bastante enraivecido e o interpelei com mansidão:

— Boa noite, podemos auxiliá-los de alguma forma?

— Estamos aqui para mostrar nossa revolta com sua interferência em nossos negócios. — A turba desequilibrada passou a urrar como animais feridos. Então, ele continuou: — Vim em paz, por enquanto, mas aviso-lhes que, se não retrocederem em sua ação, o inferno vai se abater sobre a cabeça de todos e vocês vão padecer de dores inimagináveis. Faremos reféns os que mais amam e ainda se encontram à mercê de seus desejos e prazeres.

— Respeitamos a maneira de pensar de seu povo, porém o Pai conclama a todos para a renovação planetária; aos retardatários é oferecida uma oportunidade de amor e compreensão, para que possam recapitular as ações vindouras em benefício de si mesmo. O progresso moral do planeta pode ser retardado, porém nunca impedido; isso não seria justo para os que exercitam sentimentos, emoções e ações mais condizentes com sua origem. Porém, nada impede a nós de voltar ao caminho reto e do amor. Não os ameaçamos com o inferno, com o sofrimento ou o desequilíbrio, mas ofertamos o céu dos justos e dos bondosos, em nome de nosso Pai amoroso – falei emocionado, sentindo em meu ser a emoção que originava a mais doce e pura vibração de amor, que emanava de todo o meu coração.

Percebi meu corpo energético se expandindo em todas as direções, em colorações diversas, e cada vez mais luminescente. Senti um amor profundo por toda a humanidade e olhei para os verdugos de si mesmos. Realmente, compreendi como eram necessitados da tolerância, da paciência e de nossa humilde e verdadeira paz. Amei o mundo, o universo, com uma intensidade e pureza que me emocionavam de tal maneira, que transcendi a mim mesmo. Senti que tocava a todos com uma leveza nunca antes imaginada.

Olhei à minha volta e vi que meus irmãos sentiam comigo esse momento sublime. Ajoelhei-me no chão frio e chorei emocionado.

Senti um toque suave em meu ombro, levantei os olhos e vi Maurício, que se ajoelhou ao meu lado e abraçou-me com carinho e admiração. Olhei para o alto e vislumbrei, de longe, ainda muito longe, o céu dos justos. Admirado, percebi que os irmãos que antes desrespeitavam a si mesmos não mais transitavam por aquelas paragens.

CAPÍTULO 27

– COLETORES DE LUZ –

921. Concebe-se que o homem seja feliz na Terra quando a Humanidade estiver transformada. Mas, enquanto isso não se verifica, poderá conseguir uma felicidade relativa?

O homem é quase sempre autor de sua própria infelicidade. Praticando a lei de Deus, livrar-se-á de muitos males e proporcionará a si mesmo felicidade tão grande quanto o permita a sua existência grosseira.

O homem bem compenetrado do seu destino futuro não vê na existência corpórea mais do que uma rápida passagem.

É como uma parada momentânea numa hospedaria precária. Ele se consola facilmente de alguns aborrecimentos passageiros, numa viagem que deve conduzi-lo a uma situação tanto melhor quanto mais atenciosamente tenha feito os seus preparativos para ela.

Somos punidos nesta vida pelas infrações que cometemos às leis da existência corpórea, pelos próprios males decorrentes dessas infrações e pelos nossos próprios

> *excessos. Se remontarmos pouco a pouco à origem do que chamamos infelicidades terrenas, veremos a estas, na sua maioria, como a consequência de um primeiro desvio do caminho certo. Em virtude desse desvio inicial entramos num mau caminho, e, de consequência em consequência, caímos afinal na desgraça.*[37]

Estávamos na Casa Espírita Caminheiros de Jesus, numa segunda-feira, dia em que nos propusemos ao estudo da mediunidade e da obsessão, como também ao trabalho prático da desobsessão. Depois da leitura dos textos destinados ao dia de trabalho, seguida de comentários, exposição de dúvidas e esclarecimentos, iniciamos a segunda parte: o socorro efetivo aos necessitados.

A coordenadora do grupo perguntou a todos como se sentiam e propôs a prática do salutar exercício inicial: observar a si mesmo, identificando sentimentos, emoções e sensações físicas pessoais, para que, durante a aproximação dos necessitados, as transformações do estado físico e emocional pudessem ser reconhecidas com mais facilidade, trazendo resultados positivos para os socorridos.

Pediu ainda que todos ficassem atentos, pois percebia que densa energia, característica de espíritos mais igno-

---

[37] KARDEC, Allan. *O Livro dos Espíritos*. Livro IV – "Das Esperanças e Consolações", capítulo I – "Penas e Gozos Terrenos", item I – "Felicidade e Infelicidade Relativas" (N.M.).

rantes, estava muito próxima. Atendendo à solicitação, os integrantes do grupo de encarnados esforçaram-se por esvaziar a mente das preocupações rotineiras, dedicando-se completamente ao trabalho redentor.

Em determinado momento, Ineque aproximou-se de mim e solicitou que avisasse à coordenadora encarnada do trabalho que receberíamos em nossa casa de amor o atual comandante da instituição Origem de Fogo.

A entidade, mostrando prepotência, entrou no ambiente carregando consigo densa carga energética. Solicitamos a ele que aguardasse alguns momentos para que pudesse comunicar as suas intenções. Ele, desrespeitoso, aproximou-se de um médium e o envolveu em seu campo vibratório. O rapaz, percebendo a aproximação, pediu ajuda aos companheiros. Imediatamente, uma união de pensamento irrepreensível aconteceu, possibilitando assim equilíbrio para permitir ao comandante a comunicação.

O médium levantou-se abruptamente da cadeira em que estava sentado e falou indignado:

– Sabemos de sua ação em nossa cidade, sabemos do seu envolvimento nesta casa com a intenção de nos destruir; porém, mais uma vez, estou sendo clemente, traidores da fé. Venho apenas alertá-los, diante da teimosia de alguns incautos em nos afrontar, que esta é a última oportunidade de voltar à verdadeira origem dos cristãos.

Morte aos feiticeiros e bruxos! Sentirão novamente em sua carne a sensação do fogo os consumindo nas fogueiras da Inquisição.

A esclarecedora, com carinho e paciência, passou a exercitar a boa fé:

– Não queremos afrontá-lo de forma alguma; porém, o irmão está interferindo de maneira terrível no destino e na escolha da humanidade. Sabe que chegará a hora em que o Pai não permitirá mais que delinqua contra a sua própria origem. Como também sabe quais são as consequências de seus atos insanos, insistindo no mal, torturando e transformando oportunidades benditas em dor constante.

– Não me interessa sua forma de pensar! Sei de seu passado, você também possui a marca dos bruxos. Queimará novamente no fogo divino, que purificará sua alma. Você ainda se lembra da dor das queimaduras! – vociferou em desequilíbrio.

– Graças às vivências pelas quais tive a oportunidade de passar, essa sensação não mais deprime minha vontade, mas a lembrança da consciência acordada me serve de incentivo à luta libertadora. Compadeço-me do irmão que ainda sofre com a mente presa a esse momento doloroso.

– Não quero ouvir essas ideias profanas; o aviso foi dado. Origem de Fogo ainda será conhecida no mundo como a cidade que libertou a todos.

Enfurecido, afastou-se do médium. Posicionando-se diante do grupo de amigos, mentalizou terríveis momentos de dor, representados por uma imensa fogueira. Imediatamente, mobilizamo-nos à sua volta e, emocionados, transformamos a densa energia em luz palpitante e viva que envolveu a todos em doces momentos de amor.

O comandante, enfurecido, olhou-nos e disse entredentes:

– Ainda nos encontraremos, saberão quem é Torquemada!

Agradecemos a Deus pela oportunidade de estarmos ali unidos em propósitos salutares de amor ao próximo. Vimos nosso querido amigo Rubens entrar no ambiente amparado por Camilo. Emocionado, ele nos abraçou e agradeceu os momentos de auxílio para, em seguida, passar pelos companheiros de lides espiritistas, beijando a testa deles com respeito e carinho. Parou diante de Talita e falou baixinho em seu ouvido:

– Amo você e desejo que viva intensamente o tempo que ainda lhe resta.

Camilo sorriu, feliz pelo equilíbrio emocional demonstrado por nosso jovem companheiro, e despediu-se de todos com um sinal de carinho. Os dois amigos se foram em busca de novas experiências.

Oramos e encerramos os trabalhos da noite bendita, acreditando que o aprendizado e o constante exercício é bênção de luz em nossa vida.

Tempos depois, Fábio veio nos visitar com excelentes notícias a respeito de sua família.

– Amigo, confesso estar saudoso de sua companhia; estou aproveitando a data festiva para convidá-lo para o casamento de minha filha Carol com Rogério – comunicou feliz.

– Que maravilha de notícia! Então, realmente, existia amor entre os dois! – exclamei contente.

– É um reencontro feliz, eles estão trabalhando bastante. Carol juntou a necessidade do trabalho como meio de sustento da vida material aos seus anseios em auxiliar o próximo e cursou Assistência Social. Hoje trabalha ativamente na prefeitura da cidade. Rogério terminou o curso de enfermagem e já trabalha em um hospital local, demonstrando a capacidade de amar ao próximo – informou o amigo.

– E quanto a Rachel? – perguntei.

– Ela e Caio estão noivos e pretendem constituir família em breve. O caro amigo, que hoje ocupa o lugar de meu neto, está bem, assistido com carinho por toda a família, principalmente pelas duas avós, que o amam muito; mas vamos, pois a cerimônia espírita deve estar sendo iniciada.

Deslocamo-nos para a cidade do Rio de Janeiro rumo à Casa Espírita que tão bem nos acolheu durante os trabalhos socorristas dos quais participamos.

A casa emitia grande luminosidade. Observamos, ao nos aproximarmos da cidade, que era um foco de luz na escuridão da dor, um foco de luz que subia aos céus direcionando o caminho aos arrependidos da discórdia moral.

Entramos no agradável edifício e fomos brindados com o cântico dos anjos, onde um coral de encarnados fazia sua apresentação da música "Fascinação". Os irmãos de nosso plano compartilhavam o momento com suas vozes cristalinas. O senhor Santos, orador e presidente da casa, fez agradável preleção sobre a importância do casamento para a humanidade, como laboratório de amor, fidelidade e humildade.

Depois das preces, todos se dirigiram à casa de Angela, onde partilhariam um jantar simples entre amigos verdadeiros.

Aproximei-me de Fábio e disse:

– Esse é um lindo dia para a humanidade, no qual duas almas se unem em benefício do amor. Parabéns a você, meu amigo.

– Obrigado por estarem aqui, mas vejo que estão de saída; para onde vão?

– Pensamos, eu e Maurício, em andar pela praia e conversar um pouco.

– Posso acompanhá-los?

– Será um prazer contar com sua presença.

– Então lhe peço apenas um minuto.

Fábio aproximou-se de Angela e fez um carinho em seus cabelo. Ela sorriu e disse feliz:

– Vá, vá em paz. Estamos bem, realize coisas incríveis nesse mundo incrível em que vive. Estou muito bem e feliz.

⚜⚜⚜

Fábio se juntou a nós. Chegamos à areia banhada de tempos em tempos pelas ondas do mar; era um local ermo, cercado por altas edificações rochosas, de uma beleza singular.

Sentamo-nos, os três companheiros de trabalhos cristãos, lado a lado na areia úmida.

– Você tem notícias de Paulo? – questionou Fábio.

– Temos sim, meu amigo. Ele vive na Terra e até o momento os pais conseguiram mantê-lo sob controle, apesar de algumas crises graves de humor e insatisfação com a vida que leva. Frequenta uma boa escola, faz evangelização infantil em uma Casa Espírita de boa qualidade e já mostra sua veia artística: toca vários instrumentos musicais e canta muito bem.

– Ontem assistimos a uma apresentação teatral na qual ele foi aplaudido de pé depois da execução de um número musical – completou Maurício.

– O pessoal da cidade Origem de Fogo ainda o procura? – perguntou Fábio.

– Sem cessar e sem medir esforços. Chegou o momento de ficarmos atentos, pois em breve ele vai se transformar em um adolescente e sua vibração característica acabará se manifestando. E haverá mais chances de ele ser reconhecido pela comunidade de Torquemada – concluí.

– Terminei meu trabalho na comunidade à qual estava vinculado e gostaria que vocês considerassem a ideia de ter-me como companheiro socorrista – ofereceu Fábio.

– Posso adiantar ao amigo que será um prazer para todos contar com sua ajuda – falei emocionado.

– Olhem! Uma estrela cadente! Que beleza! – exclamou Maurício.

Elevamo-nos aos céus e observamos a energia produzida pela passagem daquela rocha queimando no espaço terrestre. Imediatamente, percebemos alguns pontos brilhantes que se aproximavam. Admirados, vimos alguns irmãos sorridentes em veículos semelhantes a pranchas, moldadas em material quase invisível aos nossos olhos, recolherem e acondicionarem essa energia.

Uma moça de olhar brilhante e vestida com roupas juvenis, semelhante ao jeans utilizado pelos jovens, aproximou-se de nosso grupo e nos convidou:

– Venham, teremos uma chuva de pequenos detritos estelares perto da Mata Amazônica. É um espetáculo digno de ser apreciado.

Agradecemos o convite e seguimos o grupo de coletores de luz, como se intitulavam.

A jovem nos apontou um lugar privilegiado para observarmos o espetáculo incomum. Ansiosos, esperamos pelo evento.

Olhando o céu, vimos uma bola de fogo explodindo em milhões de pequenos focos luminosos, dourados e quentes como o próprio sol, iluminando a escuridão e produzindo um som que mais nos pareceu o lamento triste e mavioso de uma baleia.

Admirados e emocionados, vimos que os pequenos pontos dourados se transmutavam em pequenas explosões prateadas, invisíveis aos olhos humanos, mas que queimavam a densa energia que encontravam em seu caminho, transformando trevas em luzes de esperança.

Observando o espetáculo de natureza profícua, entendi que, embora existam várias maneiras de experimentarmos o nascimento do espírito em um corpo de bênçãos, todo berço é **Berço de Luz**.

Ribeirão Preto
21 de setembro de 2011

Leia os romances de Schellida!
Emoção e ensinamento em cada página!
Psicografia de Eliana Machado Coelho

CORAÇÕES SEM DESTINO – Amor ou ilusão? Rubens, Humberto e Lívia tiveram que descobrir a resposta por intermédio de resgates sofridos, mas felizes ao final.

O BRILHO DA VERDADE – Samara viveu meio século no Umbral passando por experiências terríveis. Esgotada, e depois de muito estudo, Samara acredita-se preparada para reencarnar.

UM DIÁRIO NO TEMPO – A ditadura militar não manchou apenas a História do Brasil. Ela interferiu no destino de corações apaixonados.

DESPERTAR PARA A VIDA – Um acidente acontece e Márcia passa a ser envolvida pelo espírito Jonas, um desafeto que inicia um processo de obsessão contra ela.

O DIREITO DE SER FELIZ – Fernando e Regina apaixonam-se. Ele, de família rica. Ela, de classe média, jovem sensível e espírita. Mas o destino começa a pregar suas peças...

SEM REGRAS PARA AMAR – Gilda é uma mulher rica, casada com o empresário Adalberto. Arrogante, prepotente e orgulhosa, sempre consegue o que quer graças ao poder de sua posição social. Mas a vida dá muitas voltas.

UM MOTIVO PARA VIVER – O drama de Raquel começa aos nove anos, quando então passou a sofrer os assédios de Ladislau, um homem sem escrúpulos, mas dissimulado e gozando de boa reputação na cidade.

O RETORNO – Uma história de amor começa em 1888, na Inglaterra. Mas é no Brasil atual que esse sentimento puro irá se concretizar para a harmonização de todos aqueles que necessitam resgatar suas dívidas.

FORÇA PARA RECOMEÇAR – Sérgio e Débora se conhecem e nasce um grande amor entre eles. Mas encarnados e obsessores desaprovam essa união.

LIÇÕES QUE A VIDA OFERECE – Rafael é um jovem engenheiro e possui dois irmãos: Caio e Jorge. Filhos do milionário Paulo, dono de uma grande construtora, e de dona Augusta, os três sofrem de um mesmo mal: a indiferença e o descaso dos pais, apesar da riqueza e da vida abastada.

PONTE DAS LEMBRANÇAS – Ricos, felizes e desfrutando de alta posição social, duas grandes amigas, Belinda e Maria Cândida, reencontram-se e revigoram a amizade que parecia perdida no tempo.

MAIS FORTE DO QUE NUNCA – A vida ensina uma família a ser mais tolerante com a diversidade.

MOVIDA PELA AMBIÇÃO – Vitória deixou para trás um grande amor e foi em busca da fortuna. O que realmente importa na vida? O que é a verdadeira felicidade?

Livros da médium Eliane Macarini

Resgate na Cidade das Sombras

Virginia é casada com Samuel e tem três filhos: Sara, Sophia e Júnior. O cenário tem tudo para ser o de uma família feliz, não fossem o temperamento e as oscilações de humor de Virginia, uma mulher egoísta que desconhece sentimentos como harmonia, bondade e amor, e que provoca conflitos e mais conflitos dentro de sua própria casa.

Obsessão e Perdão

Não há mal que dure para sempre. E tudo fica mais fácil quando esquecemos as ofensas e exercitamos o perdão.

Aldeia da Escuridão

Ele era o chefe da Aldeia da Escuridão. Mas o verdadeiro amor vence qualquer desejo de vingança do mais duro coração.

Comunidade Educacional das Trevas

Nunca se viu antes uma degradação tão grande do setor da Educação no Brasil. A situação deprimente é reflexo da atuação de espíritos inferiores escravizados e treinados na Comunidade Educacional das Trevas, região especializada em criar perturbações na área escolar, visando sobretudo desvirtuar jovens ainda sem a devida força interior para rechaçar o mal.

Amazonas da Noite

Uma família é alvo de um grande processo obsessivo das Amazonas da Noite, uma falange de espíritos comandada pela líder Pentesileia. Elas habitam uma cidadela nas zonas inferiores e têm como inspiração as amazonas guerreiras de tempos remotos na Grécia.

Vidas em Jogo

Nesta obra, a catastrófica queda de jovens no mundo dos vícios e torpezas até a ascensão, que liberta e dignifica a própria existência. Uma lição de vida, que toca fundo no coração.

Leia estes envolventes romances do espírito Margarida da Cunha
Psicografia de Sulamita Santos

Doce Entardecer

Paulo e Renato eram como irmãos. O primeiro, pobre, um matuto trabalhador em seu pequeno sítio. O segundo, filho do coronel Donato, rico, era um doutor formado na capital que, mais tarde, assumiria os negócios do pai na fazenda. Amigos sinceros e verdadeiros, desde jovens trocavam muitas confidências. Foi Renato o responsável por levar Paulo a seu primeiro baile, na casa do doutor Silveira. Lá, o matuto iria conhecer Elvira, bela jovem que pertencia à alta sociedade da época. A moça corresponderia aos sentimentos de Paulo, dando início a um romance quase impossível, não fosse a ajuda do arguto amigo, Renato.

À Procura de um Culpado

Uma mansão, uma festa à beira da piscina, convidados, glamour e, de madrugada, um tiro. O empresário João Albuquerque de Lima estava morto. Quem o teria matado? Os espíritos vão ajudar a desvendar o mistério.

Desejo de Vingança

Numa pacata cidade perto de Sorocaba, no interior de São Paulo, o jovem Manoel apaixonou-se por Isabel, uma das meninas mais bonitas do município. Completamente cego de amor, Manoel, depois de muito insistir, consegue seu objetivo: casar-se com Isabel mesmo sabendo que ela não o amava. O que Manoel não sabia é que Isabel era uma mulher ardilosa, interesseira e orgulhosa. Ela já havia tentado destruir o segundo casamento do próprio pai com Naná, uma bondosa mulher, e, mais tarde, iria se envolver em um terrível caso de traição conjugal com desdobramentos inimagináveis para Manoel e os dois filhos, João Felipe e Janaína.

Laços que não se Rompem

Em idos de 1800, Jacob herda a fazenda de seu pai. Já casado com Eleonora, sonha em ter um herdeiro que possa dar continuidade a seus negócios e aos seus ideais. Margarida nasce e, já adolescente, conhece Rosalina, filha de escravos, e ambas passam a nutrir grande amizade, sem saber que são almas irmanadas pelo espírito. O amor fraternal que sentem, e que nem a morte é capaz de separar, é visível por todos. Um dia, a moça se apaixona por José, um escravo. E aí, começam suas maiores aflições.

Os Caminhos de Uma Mulher

Lucinda, uma moça simples, conhece Alberto, jovem rico e solteiro. Eles se apaixonam, mas para serem felizes terão de enfrentar Jacira, a mãe do rapaz. Conseguirão exercer o perdão para o bem de todos? Um romance envolvente e cheio de emoções, que mostra que a vida ensina que perdoar é uma das melhores atitudes que podemos tomar para a nossa própria evolução.

Romances imperdíveis!
Psicografia de Maurício de Castro

Nada é para Sempre

Clotilde morava em uma favela. Sua vida pelas ruas a esmolar trocados e comida para alimentar o pequeno Daniel a enchia de revolta e desespero. O desprezo da sociedade causava-lhe ódio. Mas, apesar de sua condição miserável, sua beleza chamou a atenção de madame Aurélia, dona da Mansão de Higienópolis, uma casa de luxo em São Paulo que recebia clientes selecionados com todo o sigilo. Clotilde torna-se Isabela e começa então sua longa trilha em busca de dinheiro e ascensão social.

Ninguém Lucra com o Mal

Ernesto era um bom homem: classe média, trabalhador, esposa e duas filhas. Espírita convicto, excelente médium, trabalhava devotadamente em um centro de São Paulo. De repente, a vida de Ernesto se transforma: em uma viagem de volta do interior com a família, um acidente automobilístico arrebata sua mulher e as duas meninas. Ernesto sobrevive... Mas agora está só, sem o bem mais precioso de sua vida: a família.

Herdeiros de Nós Mesmos

Herdeiros de Nós Mesmos
A fazenda Boa Esperança era uma verdadeira mina de ouro. Durante anos, vinha sustentando a família Caldeiras com luxo e muito dinheiro. Mas o velho Mariano, dono de todo aquele império, agora estava doente e à beira da morte. Uma emocionante obra que nos mostra as consequências do apego aos bens materiais, sobretudo quando ele contamina o amor entre as pessoas, gerando discórdia e desarmonia.

O Preço de uma Escolha

Neste emocionante romance, uma trama repleta de momentos de suspense, com ensinamentos espirituais que vão nos ajudar no decorrer de nossa vida a fazermos sempre as escolhas certas sem prejuízo ao semelhante.

Sem Medo de Amar

Até quando o nosso medo de amar vai impedir que sejamos felizes? Hortência, Douglas e Amanda venceram esse desafio.

Ninguém Domina o Coração

Luciana e Fabiano têm uma relação apaixonada, mas a vida separa o casal. Luciana não vai desistir e quer se vingar. Um enredo cheio de suspense, vingança e paixão, no qual descobrimos que ninguém escolhe a quem amar, mas que o caminho do verdadeiro amor deve sempre ser preenchido pelo perdão incondicional, não importando as mágoas de um doloroso passado.

IMPRESSO NA GRÁFICA sumago
sumago gráfica editorial ltda
rua itauna, 789   vila maria
02111-031   são paulo   sp
tel e fax 11 **2955 5636**
sumago@sumago.com.br